日本語読解

일본어뱅크
독해 2

메구로 마코토 지음

동양books

일본어뱅크
독해 2

초판 2쇄 | 2015년 2월 20일

지은이 | 메구로 마코토
발행인 | 김태웅
총　괄 | 권혁주
편집장 | 조희준
편　집 | 이효정, 하시모토 나나에, 김소영
일러스트 | 배현혜
디자인 | 차경숙
마케팅 | 서재욱, 정유진, 김귀찬, 왕성석
온라인 마케팅 | 김철영
제　작 | 현대순
총　무 | 한경숙, 안서현, 강정희
관　리 | 김훈희, 이국희, 김승훈, 최국호

발행처 | 동양북스
등록 | 제 10-806호(1993년 4월 3일)
주소 | 서울시 마포구 동교로 22길 12 (121-842)
전화 | (02)337-1737
팩스 | (02)334-6624

http://www.dongyangbooks.com
http://www.dongyangTV.com

ISBN 978-89-7665-316-1 04730
　　　978-89-7665-314-7 (세트)

ⓒ 메구로 마코토, 2009

▶ 본 책은 저작권법에 의해 보호받는 저작물이므로 무단 전재와 무단 복제를 금합니다.
▶ 잘못된 책은 구입처에서 교환해드립니다.

머리말

   이 책은 중급에서 고급 초반에 걸쳐 사용하는 독해 교재로, 지금까지 공부한 내용을 복습하고 더 나은 수준인 고급으로 넘어가기 위한 교재로서 만들었습니다.

   처음에는 〈WEB : 일본어 가케코미데라(駆け込み寺)〉의 무료 사용 교재 '생활 세시기'로서 작성되었는데 이를 바탕으로 하여 교실에서 사용할 만한 교재로 다시 편집하고 거기에 제2부 '생활의 매너'를 추가한 것이 이《일본의 생활과 문화》입니다.

   이 교재는 언어와 문화는 떼려야 뗄 수 없는 관계라는 생각에서 '일본인의 생활과 문화'를 외국에서 일본어를 공부하는 분들에게 소개할 목적으로 편집했습니다. 이 교재를 통해서 일본어를 공부하는 여러분이 일본인의 생활과 문화가 동아시아와 얼마나 깊이 연관되어 있는지를 알게 된다면 기쁘겠습니다. 일본과 아시아 여러 나라 사이에 우려할 만한 사태가 있기도 하지만 그것을 극복하고 인간 대 인간으로서의 교류가 진행되어 우호관계가 더욱 돈독해질 것을 바라마지않습니다.

   이 교재를 만들며 무료 백과사전《위키피디아(Wikipedia)》를 비롯해서《일러스트레이터 와타나베 후미 · WEB에서 무료로 사용할 수 있는 일러스트 클립아트 프리 소재》《학교 일러스트 소재》《교사의 편의점》등의 도움으로 일러스트와 사진을 책에 실을 수 있었습니다. 무료로 교재를 공개하고 있는 〈일본어 가케코미데라〉의 대표로서 진심으로 감사의 말씀을 드립니다.

메구로 마코토

일러두기

일본어 문장을 거침없이 술술 읽는 그날까지!

본 교재는 일본어를 7개월 이상 공부한 독자분들이 중급에서 고급 초반 수준에 해당하는 독해문과 문법사항을 공부할 수 있도록 배려하였습니다.

1부와 2부의 구성

1부는 일본의 세시행사와 특별한 날에 관한 내용으로 1월부터 12월까지 열두 Part로 구성되어 있습니다. 2부는 일본 특유의 예의범절에 관한 내용으로 다섯 Part로 구성되어 있습니다. 1부는 독해문 → 읽고 답하기 → 문형 연습 → 보충 학습 → ~월의 특별한 날 순으로, 2부는 독해문 → 읽고 답하기 순으로 구성되어 있습니다.

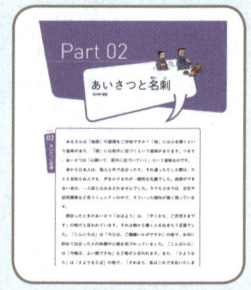

독해문

긴 독해문입니다. 처음 읽으실 때는 모르는 낱말이 나와도 사전을 찾지 말고, 글의 맥락 속에서 그 뜻을 유추해 보시는 것이 더 효과적입니다. 독해문 뒤에는 어휘가 정리되어 있으니 읽고 난 다음에 확인하시기 바랍니다.

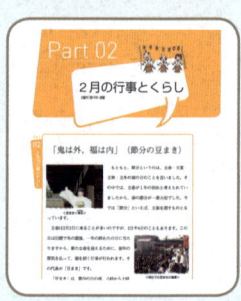

읽고 답하기

독해문을 제대로 이해했는지 확인하는 문제입니다. 독해문에서 나왔던 문장을 이용해서 일본어로 답을 쓰도록 되어 있어 문장을 쓰는 연습도 됩니다.

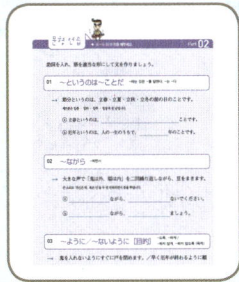

문형 연습
독해문에서 나왔던 문법사항을 공부하고, 예문처럼 문장을 완성하는 페이지입니다.

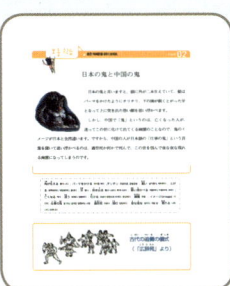

보충 학습
짧은 독해문입니다. 앞의 내용과 관련 있는 독해문입니다.

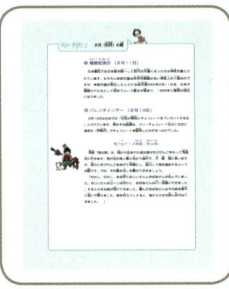

~월의 특별한 날
그 달의 특별한 날이 날짜와 함께 설명이 되어 있습니다.

연습 문제
어휘, 조사, 품사 활용 실력을 점검하는 페이지입니다.

차례

머리말   003
일러두기   004

1부   생활의 세시기

Part 01   1월의 행사와 생활   008
Part 02   2월의 행사와 생활   016
Part 03   3월의 행사와 생활   024
Part 04   4월의 행사와 생활   032
Part 05   5월의 행사와 생활   040
Part 06   6월의 행사와 생활   048
Part 07   7월의 행사와 생활   056
Part 08   8월의 행사와 생활   064
Part 09   9월의 행사와 생활   072
Part 10   10월의 행사와 생활   080
Part 11   11월의 행사와 생활   088
Part 12   12월의 행사와 생활   096

2부   생활의 매너

Part 01   절과 악수   106
Part 02   인사와 명함   110
Part 03   상좌와 하좌   114
Part 04   데미야게와 셈베쓰   118
Part 05   면접 지식과 매너   122

부록 - 회사에서 쓰는 말   126
24절기와 계절 꽃   132

1부

くらしの歳時記(さいじき)

생활의 세시기

歲時記(さいじき) 세시기. 일년 중의 자연 현상과 행사, 그에 얽힌 생활 등을 풀이하여 놓은 책

Part 01

1月の行事とくらし

1월의 행사와 생활

Part 01 1月の行事とくらし

あけましておめでとうございます

　1月1日から1月3日までを三が日、1月7日までを松の内と呼び、この期間を「正月」と呼んでいます。元日は国民の祝日となっていて、官公庁や銀行は12月29日から1月3日までお休みです。

　昔から、1年の最初の日、1月1日「元日」は、私たちに命を与えてくれる「歳神さま」を迎え、おまつりする日でした。お正月に人と会ったときには「あけまして、おめでとうございます」と言いますが、このあいさつは、もともとは年が明けて、歳神さまを迎えるときの感謝の言葉でした。今でも私たちは歳神さまをお迎えするために、門松を門の前に飾ったり、鏡餅を供えたり、前日に準備したおせち料理を食べたりしています。

そして、子供は親や親戚からお年玉をもらいます。最近では、プラスチック製の門松や鏡餅を使ったり、おせちをデパートで買う家庭も増えました。現代人の暮らしが忙しいのはわかりますが、できればこういうものは自分で作りたいですね。

＜門松＞　　　　　＜鏡餅＞

　さて、今日では、「歳をとる」ことは悪いように言われますが、もともと「歳をとること」は人々に歓迎されていました。正月、歳神さまは全ての人や物に新しい生命を吹き込むために現れると伝えられています。つまり、「歳をとる」ということは、一年に一度、新たに生まれ変わるということだったのです。今の言葉で言いますと、命のリセットですね。

あけましておめでとう 새해 복 많이 받으세요 | 三が日 정초의 3일간 | 松の内 설에 가도마츠(門松)를 세워 두는 기간 | 呼ぶ 부르다 | 官公庁 관공서 | 歳神 오곡을 지키고 그 해의 풍작을 비는 신 | 迎える 맞이하다 | まつる → おまつりする 모시다 → 받들어 모시다 | あいさつ 인사 | もともと 원래, 본래 | 門松 새해에 문 앞에 세우는 장식용 소나무 | 飾る 장식하다 | 鏡餅 설에 둥글납작한 떡을 두 개 포개서 장식해 두는 것 | 供える 바치다, 올리다 | おせち料理 명절 요리 | お年玉 세뱃돈, 새해 선물 | プラスチック(plastic)製 플라스틱 제품 | 暮らし 생활, 살림 | 歓迎する 환영하다 | 全て 모두, 전부, 모조리 | 生命を吹き込む 생명을 불어넣다 | つまり 결국, 다시 말하면 | 新た(な) 새로(운) | 生まれ変わる 다시 태어나다, 일변하다 | リセット(reset) 리셋, 다시 세트하다

 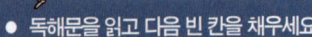

1 日本では、いつからいつまでを正月と呼んでいますか。

　

2 日本では、元日はどんな日ですか。

　

3 日本では、お正月に人と会ったとき、どんなあいさつをしますか。

　

4 「歳神さま」は、どのような神さまですか。

　

5 日本人は、お正月にどんなものを食べますか。

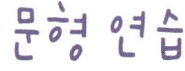 

● ⓐ~ⓑ의 빈 칸을 채우세요.

助詞を入れ、語を適当な形にして文を作りましょう。

01 〜から〜まで　~에서 ~까지

→ 1月1日から1月3日までを、三が日と呼んでいます。
1월 1일부터 1월 3일까지를 상가니치라고 부릅니다.

ⓐ 週休二日制の会社が多いので、＿＿＿＿から＿＿＿＿までを週末と呼んでいます。

ⓑ 私の国では、＿＿＿＿は＿＿＿＿から＿＿＿＿までです。

02 〜たり〜たり　~하기도 하고 ~하기도 (하다), ~하거나 ~하거나 (하다)

→ 門松を門の前に飾ったり、鏡餅を供えたり、おせち料理を食べたりします。　문 앞에 가도마츠를 장식하거나 가가미모치를 바치거나 오세치 요리를 먹습니다.

ⓐ 休みの日は、＿＿＿＿り＿＿＿＿りします。

ⓑ 今日は＿＿＿＿り＿＿＿＿りの天気になるでしょう

03 〜ために [目的]　~하기 위해서(목적)

→ 正月、神さまは人や物に新しい生命を与えるために現れると伝えられています。 쇼가쓰에 신(神)은 사람과 사물에게 새로운 생명을 주기 위해서 나타난다고 전해지고 있습니다.

ⓐ 私は＿＿＿＿ために、日本語を勉強しています。

ⓑ 私の母は＿＿＿＿ために、毎日＿＿＿＿くれます。

보충 학습 · 짧은 독해문을 읽어 보세요.   Part 01

お正月の食べ物
祝(いわ)いの膳(ぜん)

デパートなどでおせち料理のセットを作って売っていますが、昔は年の暮れにお母さんが手間暇かけて作ってくれました。

このほかに、汁の中にお餅を入れて食べる「お雑煮」があります。お餅の上に色々な具を乗せて食べます。お父さんたちが楽しみにしているのが「おとそ」です。お正月に飲む薬酒です。実際には、「おとそ」を飲むのは最初の一杯だけで、あとは好きなお酒を心ゆくまで味わいます。これらをお正月の「祝いの膳」と呼んでいます。

おせち料理

祝(いわ)いの膳(ぜん) 축하할 일이 있을 때 받는 밥상 | 年(とし)の暮(く)れ 연말, 세밑 | 手間暇(てまひま)かける 품과 시간, 노력과 시간, 수고 | 汁(しる) 국물, 즙 | 餅(もち) 떡 | お雑煮(ぞうに) 떡국 | 具(ぐ)を乗(の)せる 건더기를 올려놓다, 재료를 올리다 | 楽(たの)しみにする 즐겁게 기대하다 | おとそ 도소주 (설날에 마시는 세주(歳酒)의 한 가지) | 薬酒(やくしゅ) 약술, 약주 | 心(こころ)ゆくまで 마음껏 | 味(あじ)わう 맛보다, 감상하다

初詣(はつもうで)の様子(ようす)

初詣の参拝客(さんぱいきゃく)で賑(にぎ)わうお寺(てら)の様子です。もともとは地元(もと)の氏神(うじがみ)さまにお参(まい)りするのですが、最近(さいきん)は有名(ゆうめい)なお寺や神社(じんじゃ)にお参りする人が増(ふ)えました。

1月(睦月)の暦

❶ 初詣

　年が明けてから初めて寺社にお参りして、一年の無事と平安を祈る行事です。寺社で、お守りや破魔矢、風車などを買ったり、絵馬に願いごとを書いたり、おみくじを引いたりして、今年一年がよい年であるようにお祈りをします。

❷ 年賀状

　お正月にお世話になった人や友だちに送るはがきで、干支のイラストが入った年賀はがきに、「謹賀新年」「年賀」「新春」「あけましておめでとうございます」などと大きく書き、メッセージを添えます。

❸ 初夢

　お正月に見る夢を初夢といいます。その夢の内容で、1年を占う夢占いが古くから行われています。

❹ 鏡開き（1月11日）

　1月11日は「鏡開きの日」です。鏡開きの日には、今年1年の一家円満を願いながら、神さまに供えた鏡餅をみんなで食べます。

❺ 成人の日（1月の第2月曜日）

　成人の日は、20歳になった青年が両親や周りの大人たちに保護されてきた子供時代を終えて自立し、大人の社会へ仲間入りする儀式（成人式）を行う日です。当日は、女性は振袖、男性はスーツや羽織り・袴などの正装に身を包んだ新成人の姿を見ることができます。

연습 문제

실력을 확인해 보세요.

1 ひらがな（下線部）のところを、漢字で書いてください。

① しょうがつ　　② こくみん　　③ ぎんこう
　（　　　）　　　（　　　）　　　（　　　）

④ いのち　　　　⑤ かざる　　　⑥ さいきん
　（　　　）　　　（　　　）　　　（　　　）

⑦ こんにち　　　⑧ あらわれる　⑨ むかし
　（　　　）　　　（　　　）　　　（　　　）

2 漢字のところ（下線部）の読み方を、ひらがなで書いてください。

① 祝日　　　　　② 官公庁　　　③ 年が明ける
　（　　　）　　　（　　　）　　（　）（　）

④ 感謝　　　　　⑤ 門松　　　　⑥ 供える
　（　　　）　　　（　　　）　　　（　　　）

⑦ 生命　　　　　⑧ 新たに　　　⑨ 祝いの膳
　（　　　）　　　（　　　）　　（　）（　）

3 （　）に助詞（ひらがな一字／要らないときは×）を入れてください。

① 1月1日（　）（　）　1月3日（　）（　）を三が日（　）呼びます。

② お正月（　）人（　）会ったとき（　）は、「あけまして、おめでとうございます」（　）言います。

③ 歳神さまは全て（　）人（　）物（　）新しい（　）生命（　）吹き込む（　）（　）に現れる（　）伝えられています。

④ お父さんたち（　）楽しみ（　）している（　）が「おとそ」です。

4 _____部に、適当な語を選んで、文を完成させてください。

(もともと／つまり／今では／今でも)

① _____あの日のことはよく覚えています。

② ここは_____海だったところです。

③ あの人は、私の父の弟、_____私の叔父です。

④ _____彼のことを覚えている人は、誰もいない。

5 _____部に、適当な語を選んで、文を完成させてください。

(から／まで／ために／だけ)

① 小学校の子ども_____が、携帯電話を持っている時代だ。

② 料理はできたし、あとは父が帰るを待つ_____です。

③ 話すことがいっぱいで、何_____話したらいいのか困ります。

④ 論文を書く_____、資料を集めなければなりません。

6 (　　)の語の形を変えて文を作ってください。

① 変な男が家の前を（行く→　　　　）り（来る→　　　　）りしている。

② 私が（戻る→　　　　）（来る→　　　　）まで、決してここを（動く→　　　　）ないでください。

③ （安全→　　　　）ために、シートベルトをお（締める→　　　　）ください。

④ 父は毎日（朝早い→　　　　）から（夜遅い→　　　　）まで働いた。

---

4 叔父 숙부, 작은 아버지　覚える 기억하다, 외우다
5 携帯電話 휴대전화　時代 시대　困る 곤란하다, 난처하다　論文 논문　資料 자료
6 変(な) 이상(한)　戻る 돌아오다, 돌아가다　安全(な) 안전(한)　シートベルト(seat belt) 안전띠　締める 죄다, 매다

Part 02

2月の行事とくらし

2월의 행사와 생활

「鬼は外、福は内」(節分の豆まき)

＜豆をまく神主(かんぬし)＞

　もともと、節分というのは、立春・立夏・立秋・立冬の前の日のことを言いました。その中では、立春が1年の初めと考えられていましたから、春の節分が一番大切でした。今では「節分」といえば、立春を指すものとなっています。

　立春は2月3日に来ることが多いのですが、2日や4日のこともあります。この日は旧暦で冬の最後、一年の終わりの日に当たりますから、新たな春を迎えるために、前年の邪気を払って、福を招く行事が行われます。その代表が「豆まき」です。

＜神社での豆まきの風景＞

　「豆まき」は、節分の日の夜、八時から十時

くらいの間に、はじめは玄関、そして各部屋へと、戸を全部開けて、大きな声で「鬼は外、福は内」を二回繰り返しながら、豆をまきます。鬼は一家のご主人や長男、または厄年の人が行っていましたが、現在は家族で楽しみながら行うお宅が多いようです。まき終えたら、鬼を入れないようにすぐに戸を閉めます。この

＜家庭での豆まきの風景＞

あと、家族で年齢の数だけ豆を食べます。厄年の人は一つ多く食べて、早く厄年が終わるように願います。この豆まきの風習は室町時代に始まりましたが、もとは7世紀ごろに中国から伝わった鬼はらいの儀式「追儺」で、病や災害などを鬼に見立てて、桃の弓、葦の矢で追い払うものでした。この弓矢が豆に変わったのが「豆まき」だと言われています。

豆まき 콩 뿌리기 | 節分 계절이 바뀌는 때, 입춘 전날 | 立春 입춘 | 立夏 입하 | 立秋 입추 | 立冬 입동 | 旧暦 음력 ↔ 新暦 양력 | 最後 마지막 | ～に当たる ~에 해당하다 | 春を迎える 봄을 맞이하다 | 邪気を払う 나쁜 기운을 쫓아 버리다 | 福を招く 복을 부르다 | 行う 하다, 행하다, 시행하다 | 繰り返す 반복하다, 되풀이하다 | 豆をまく 콩을 뿌리다 | 長男 장남 | 厄年 액년, 재난을 만나기 쉽다는 해 | 楽しむ 즐기다 | 風習 풍습 | 鬼はらい 입춘 전날밤에 콩을 뿌리며 악귀를 쫓는 행사 | 厄年 액옛날, 설날 그믐밤에 궁중에서 하던 액신을 쫓기위한 액막이 행사 | 病 병 | 災害 재해 | 鬼に見立てる 귀신에 비기다, 귀신으로 가정하다 | 桃の弓 복숭아나무로 만든 활 | 葦の矢 갈대 화살 | 追い払う 쫓다, 쫓아버리다 | 変わる 변하다, 바뀌다

● 독해문을 읽고 다음 빈 칸을 채우세요.

Part 02

1   今日、節分というのはいつのことを指していますか。

2   日本で行われる豆まきというのは、どんな行事ですか。

3   豆をまくとき、どう言いますか。

4   豆まきで、家の中にまいた豆はどうしますか。

5   日本の豆まきは、どんな儀式がもとになって生まれましたか。

문형 연습

● ⓐ~ⓑ 의 빈 칸을 채우세요.

Part 02

助詞を入れ、語を適当な形にして文を作りましょう。

01 　～というのは～ことだ　~라는 것은 ~를 말한다, ~는 ~다

⋯▸ 節分というのは、立春・立夏・立秋・立冬の前の日のことです。
세쓰분은 입춘·입하·입추·입동의 전 날입니다.

ⓐ 立春というのは、＿＿＿＿＿＿＿＿＿＿＿＿＿＿＿＿＿＿＿＿ことです。

ⓑ 厄年というのは、人の一生のうちで、＿＿＿＿＿＿＿＿年のことです。

02 　～ながら　~하면서

⋯▸ 大きな声で「鬼は外、福は内」を二回繰り返しながら、豆をまきます。
큰 소리로 '귀신은 밖, 복은 안'을 두 번 반복하면서 콩을 뿌립니다.

ⓐ ＿＿＿＿＿＿＿ながら、＿＿＿＿＿＿＿ないでください。

ⓑ ＿＿＿＿＿＿＿ながら、＿＿＿＿＿＿＿ましょう。

03 　～ように／～ないように［目的］　~도록, ~하게 / ~하지 않게, ~하지 않도록 (목적)

⋯▸ 早く厄年が終わるように願います。／鬼を入れないようにすぐに戸を閉めます。 빨리 액년이 끝나도록 빕니다. / 귀신이 들어오지 못하도록 바로 문을 닫습니다.

ⓐ もっと＿＿＿＿＿＿＿ように、説明してください。

ⓑ 遅刻しないように、＿＿＿＿＿＿＿＿＿方がいいですよ。

보충학습 ● 짧은 독해문을 읽어 보세요.   Part 02

日本の鬼と中国の鬼

　日本の鬼と言いますと、頭に角が二本生えていて、髪はパーマをかけたようにチリチリ、下の歯が鋭くとがった牙となって上に突き出た恐い顔を思い浮かべます。

　しかし、中国で「鬼」というのは、亡くなった人が、迷ってこの世に化けて出てくる幽霊のことなので、鬼のイメージが日本と全然違います。ですから、中国の人が日本語の「仕事の鬼」という言葉を聞いて思い浮かべるのは、過労死か何かで死んで、この世を恨んで夜な夜な現れる幽霊になってしまうのです。

角が生える 뿔이 나다 | パーマをかける 파마를 하다 | チリチリ 쪼글쪼글, 곱슬곱슬 | 鋭い 날카롭다, 예리하다 | とがる 뾰족해지다, 예민해지다, 골내다 | 牙 엄니 | 突き出る 뚫고 나오다, 튀어나오다 | 思い浮かべる 떠올리다, 마음속에 그리다 | 亡くなる 죽다 | 迷う 헤매다, 방황하다 | 化ける 모습이 딴판으로 바뀌다, 둔갑하다 | 幽霊 유령 | イメージ(image) 이미지 | 仕事の鬼 일 귀신, 일에만 열중하는 사람 | 過労死 과로사 | 恨む 원망하다 | 夜な夜な 밤마다, 매일 밤 | 現れる 나타나다, 드러나다

古代の追儺の儀式
（「広辞苑」より）

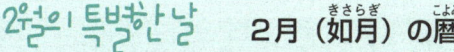 

2月（如月）の暦

❶ 建国記念日（2月11日）

　日本書記では日本国を統一して初代の天皇になったのは神武天皇とされています。もちろん神武天皇は科学的根拠のない神話上の人物なのですが、神武天皇が即位したとされる紀元前660年2月11日を、日本が建国された日として祝おうという動きが高まり、1966年に国民の祝日になりました。

❷ バレンタインデー（2月14日）

　2月14日は日本では「女性が男性にチョコレートをプレゼントする日」とされています。実はその起源は、メリーチョコレート社がこの日に東京の「伊勢丹」でチョコレートを販売したのがきっかけでした。

鬼が出てくる民話「桃太郎」

　民話「桃太郎」は、桃から生まれた桃太郎がきびだんごをもって鬼退治に行きます。鬼が住む鬼ヶ島に向かう途中で、犬・猿・雉に会いますが、彼らにきびだんごをあげて仲間にし、協力して鬼を退治するというお話です。では、その書き出しを載せておきましょう。

　「むかし、むかし、ある所におじいさんとおばあさんが住んでいました。おじいさんは山へしば刈りに、おばあさんは川へ洗濯に行きました。すると大きな桃が流れてきました。喜んだおばあさんはその桃を背中に担いで帰りました。桃を切ろうとすると、桃から大きな赤ん坊が出てきました。…」

연습 문제

● 실력을 확인해 보세요.

1 ひらがな（下線部）のところを、漢字で書いてください。

① まめまき （　　　）　　② たいせつ （　　　）　　③ おこなう （　　　）

④ しゅじん （　　　）　　⑤ げんざい （　　　）　　⑥ かぞく （　　　）

⑦ ふうしゅう （　　　）　　⑧ 20せいき （　　　）　　⑨ こわい　かお （　　）（　　）

2 漢字のところ（下線部）の読み方を、ひらがなで書いてください。

① 立春 （　　　）　　② 旧暦 （　　　）　　③ 福を　招く （　　）（　　）

④ 玄関 （　　　）　　⑤ 繰り返す （　）（　）　　⑥ 長男 （　　　）

⑦ 厄年 （　　　）　　⑧ 病 （　　　）　　⑨ 角が　生える （　）（　）

3 （　）に助詞（ひらがな一字／要らないときは×）を入れてください。

① 今（　）は「節分」（　）いえば、立春（　）指すもの（　）なりました。

② この日は旧暦（　）冬（　）最後、一年（　）終わり（　）日（　）当たります。

③ 戸（　）全部（　）開けて、大きな声（　）「鬼は外、福は内」（　）言いながら、豆（　）まきます。

④ 日本（　）鬼は、頭（　）角（　）二本（　）生えていて、下（　）歯（　）鋭くとがった牙（　）なって、上（　）突き出ています。

Part 02

4 ＿＿＿＿部に、適当な語を選んで、文を完成させてください。

（あたる／むかえる／おこなう／つたわる）

① その事故のニュースは、たちまち私たちの間に＿＿＿＿＿＿。

② 日本語の「ただいま」に＿＿＿＿＿＿ 韓国語はなんですか。

③ 空港まで友だちを＿＿＿＿＿＿ に行きました。

④ 来週の月曜日、期末試験を＿＿＿＿＿＿ます。

5 ＿＿＿＿部に、適当な語を選んで、文を完成させてください。

（といえば／ぐらい／ように／というのは）

① あなたが好きな＿＿＿＿＿＿すればいいです。

② 最も幸せな人＿＿＿＿＿＿、「足る」ことを知っている人である。

③ あと一ヶ月＿＿＿＿＿＿あれば、工事は完成するですが、……。

④ 節分＿＿＿＿＿＿、豆まきを思い出しますね。

6 （　）の語の形を変えて文を作ってください。

① 同じ失敗は（繰り返す→　　　　）ように、（注意する→　　　　）なさい。

② 人は（助ける→　　　　）（あう→　　　　）ながら、（生きる→　　　　）（いく→　　　　）なければなりません。

③ 赤ちゃんが（眠れる→　　　　）ように（静か→　　　　）して。

④ コピーを（する→　　　　）終えたら、（帰る→　　　　）もいいよ。

---

4 事故 사고　たちまち 곧, 금세, 갑자기　期末試験 기말 시험　5 最も 가장　幸せ(な) 행복(한)　足る 충분하다, 만족하다
工事 공사　完成する 완성되다, 완성하다　思い出す 생각해 내다, 회상하다　6 失敗 실패　注意する 주의하다　助ける 돕다
赤ちゃん 아기　眠れる 잠들다

Part 03

3月の行事とくらし

3월의 행사와 생활

Part 03 3月の行事とくらし

女の子の「ひな祭り」

＜おひなさま＞

　「ひな祭り」は、3月3日に　おひなさま（ひな人形）を飾って、女の子の幸福と美しく成長することを願う行事です。もとは、中国から伝わった上巳の節句でした。中国では、この日は厄日とされる日でしたから、古くは河原でみそぎをしたり、桃の花を浮かべた酒を飲んだり、桃の葉を入れたお風呂に入って、無病息災を願いました。
　そのため、「桃の節句」とも呼ばれます。
　昔から中国には、桃の花は長寿のシンボルで、魔よけの力があるという言い伝えがあります。しかし、「桃の節句」は

＜流しひな＞

旧暦の3月3日なので、現在、日本で「ひな祭り」が行われる新暦の3月3日ごろに咲いているのは梅の花だけで、桃の花はまだ咲いていませんね。

　やがて「桃の節句」には、人のけがれや災いなどを人形に移して川に流し、不浄を払う行事が行われるようになりました。この「流しひな」から「ひな祭り」が生まれたそうです。この「流しひな」の風習は、今もまだ日本各地に残っています。

　おひなさまは、「ひな祭り」の1～2週間前に飾ります。飾る前の日には桃酒やひし餅などをお供えします。そして家族や仲のいい友だちを呼んで、ごちそうしてもてなします。昔から、おひなさまをいつまでも出しておくと、婚期が遅れると言われていますが、これは「片づけのできない娘は、いいお嫁さんになれないよ」という意味なのでしょう。

ひな祭り 3월 3일 여자 아이의 명절에 하는 행사 | ひな人形 히나마쓰리의 제단에 진열하는 작은 인형들 | 飾る 장식하다 | 幸福(な) 행복(한) | 成長する 성장하다 | 願う 기원하다, 바라다, 원하다 | 上巳の節句 일본의 다섯 명절의 하나 | 厄日 액일, 재앙이 일어나는 날 | 河原 강변 | みそぎ 목욕재계 | 無病息災 무병식재, 병도 재난도 없음 | 長寿 장수 | シンボル(simbol) 상징 | 魔よけ 마귀를 쫓음 | 言い伝え 전설, 구전 | けがれ 더러움, 추악함, 불결 | 災い 재앙, 재난, 화 | 移す 옮기다 | 不浄を払う 부정한 것을 떨쳐내다 | 各地 각지 | ひし餅 마름모꼴로 자른 떡 | 供える 신불에게 올리다 | 仲がいい 사이가 좋다 | ごちそうする 대접하다, 맛있는 요리를 대접하다 | もてなす 대접하다, 환대하다 | 婚期が遅れる 혼기를 놓치다 | 片づけ 정리, 정돈 | お嫁さん 아내, 며느리

● 독해문을 읽고 다음 빈 칸을 채우세요.

Part 03

1 ひな祭りというのは、どのような行事ですか。

2 「上巳の節句」は、中国ではどんな日だと考えられていましたか。

3 「上巳の節句」は、どうして「桃の節句」と言われたのですか。

4 「流しひな」というのは、どのような意味を持った行事ですか。

5 どうして、おひなさまをいつまでも出しておいてはいけないのですか。

문형 연습

ⓐ~ⓑ의 빈 칸을 채우세요.

Part 03

助詞を入れ、語を適当な形にして文を作りましょう。

01 まだ 아직, 계속, 여태껏

→ 桃の花はまだ咲いていません。／「流しひな」の風習は、今もまだ残っています。 복숭아꽃은 아직 피지 않습니다./ '나가시히나'의 풍습은 지금도 계속 남아 있습니다.

ⓐ「もうお昼ご飯は食べましたか」「いいえ、まだ＿＿＿＿＿＿＿。」

ⓑ「李さんは、まだお風呂に入っていますか」「はい、まだ＿＿＿＿＿＿＿。」

02 ～ようになる ~하게 되다, ~하도록 되다

→ 人のけがれを人形に移して川に流し、不浄を払う行事が行われるようになりました。 인간의 추악함을 인형에 옮겨서 강물에 떠내려 보내며 부정한 것을 떨쳐내려는 행사를 하게 되었습니다.

ⓐ あなたが親になれば、ご両親の気持ちも＿＿＿＿＿＿＿ようになるでしょう。

ⓑ 練習すれば、もっと上手に＿＿＿＿＿＿＿ようになります。

03 ～そうだ ~한다고 한다(전문)

→ この「流しひな」から「ひな祭り」が生まれたそうです。 이 '나가시히나'에서 '히나마츠리'가 생겨났다고 합니다.

ⓐ 先生の話によると、＿＿＿＿＿＿＿そうです。

ⓑ 言い伝えによると、＿＿＿＿＿＿＿そうです。

● 짧은 독해문을 읽어 보세요.

Part 03

春分の日

お彼岸と墓まいり

3月21日ごろを「春分の日」と言い、国民の祝日となっています。春分の日は昼と夜が同じ長さになる日ですが、昔の人はこの日を春の訪れを祝う日としていました。また、この日の前後三日を「お彼岸」と言って、ご先祖への感謝の気持ちを伝えるために、お墓まいりをする日本独自の仏教行事があります。

彼岸とは迷いのない、悟りの世界を言うのですが、彼岸は春分の日と秋分の日の前後三日、一年に二回あり、春は三月十八日ごろ、秋は九月二十日ごろが彼岸の入りとなります。

春分の日 춘분날 | 彼岸 춘분이나 추분의 전후 각 3일을 합친 7일간 | 墓まいり 성묘 | 春の訪れ 봄이 옴 | 先祖 선조, 조상 | 感謝 감사 | 独自 독자 | 仏教行事 불교 행사 | 迷い 방황, 미혹 | 悟り 깨달음 | 世界 세계 | 彼岸の入り 하간의 첫날

仏壇のお話

日本人の家なら、ほとんどどこにでもあるのが仏壇です。朝と晩、お線香をたいたり、お水や食べ物を供えたりして、ご先祖を供養します。

3月(弥生)の暦

❶ ひな祭り（3月3日）

❷ 国際婦人デー（3月8日）

　1904年の3月8日、ニューヨークの女性労働者たちが女性参政権の運動を起こしたのを記念して、国際婦人デーが定められました。日本では、敗戦後に選挙法改革が行われ、女性の選挙権が認められました。1946年4月、女性が参加した初の衆議院選挙では、39名の女性議員が生まれています。

❸ 卒業式のシーズン

　日本では、卒業式は3月に行われるところが多く、春の季語になっているほどです。高等学校では上旬、大学・短大では下旬が多いでしょう。

❹ 春分の日（3月21日ごろ）

知っていますか、桃の起源

　『西遊記』の中で、孫悟空が天界・桃源郷の不老不死の桃を食べるお話がありますね。そのころの桃は「毛毛（もも）」と言われ、毛がいっぱい生えた硬い果物だったことをご存じですか。
　中国で生まれた桃は、中国からシルクロードで西域へ伝わりますが、中国から西へ行った桃は果肉が黄色くなりました。黄桃です。古代には日本にも桃が伝わったのですが、現在のような桃がつくられるようになったのは明治時代のことで、中国から伝わった品種から自然交雑で偶然生まれた白い桃を発見し、その後、品種改良が重ねられてきました。ですから、「白桃」は日本独特の桃なのです。

연습 문제
● 실력을 확인해 보세요.

1 ひらがな（下線部）のところを、漢字で書いてください。

① こうふく　　　② せいちょう　　　③ ぎょうじ
（　　　）　　　　（　　　）　　　　（　　　）

④ いい つたえ　　⑤ おふろ　　　　　⑥ うめの花
（　）（　　）　　（　　　）　　　　（　　）

⑦ むすめ　　　　⑧ いみがわかる　　⑨ はるのおとずれ
（　　　）　　　（　　）（　　）　　（　）（　　　）

2 漢字のところ（下線部）の読み方を、ひらがなで書いてください。

① 祭り　　　　　② 人形　　　　　　③ 河原
（　　　）　　　（　　　）　　　　（　　　）

④ 長寿　　　　　⑤ 災い　　　　　　⑥ 払う
（　　　）　　　（　　　）　　　　（　　　）

⑦ 婚期　　　　　⑧ 彼岸　　　　　　⑨ 先祖
（　　　）　　　（　　　）　　　　（　　　）

3 （　）に助詞（ひらがな一字／要らないときは×）を入れてください。

① 中国（　）は、「桃の節句」（　）、桃（　）葉（　）入れたお風呂
（　）入って、無病息災（　）願いました。

② 日本（　）「ひな祭り」（　）行われる（　）は、新暦（　）3月3日
な（　）（　）、桃（　）花（　）まだ咲いていません。

③ 「流しひな」（　）風習は、今（　）まだ日本各地（　）残っています。

④ 昔（　）（　）、おひなさま（　）いつ（　）（　）も出しておく
（　）、婚期（　）遅れる（　）言われています。

Part 03

4 _____部に、適当な語を選んで、文を完成させてください。

   (もう／まだ／やがて／また)

   ① お腹がいっぱいで、_____これ以上食べられません。

   ② 日本に住んでいれば、_____日本語が話せるようになる。

   ③ 会場には、_____誰も来ていませんでした。

   ④ 今日も_____雨か。嫌になるなぁ。

5 _____部に、適当な語を選んで、文を完成させてください。

   (の／こと／ため／ところ)

   ① 「国連」という_____は、国際連合の略です。

   ② 「待ちましたか。」「いいえ、私もたった今来た_____です。」

   ③ 私はそのような_____を言ってはいません。

   ④ 事故の_____、電車が止まっています。

6 (   )の語の形を変えて文を作ってください。

   ① 彼女は、まだ家に（帰る→　　　　）（いる→　　　　）ようです。

   ② （練習する→　　　　）、やっとパソコンが（使う→　　　　）ようになった。

   ③ 普段から（復習する→　　　　）（おく→　　　　）ば、試験の（前→

    　　　　）（なる→　　　　）、（慌てる→　　　　）なくてもいい。

   ④ 友だちから（聞く→　　　　）話によると、京子さんが（近い→　　　　）

    （結婚する→　　　　）そうだ。

---

4 お腹がいっぱい 배가 부르다　嫌(な) 싫(은), 언짢(은)　**5** 国際連合 국제연합　略 줄임　事故 사고
6 練習する 연습하다　普段 평소, 항상　復習する 복습하다　慌てる 당황하다, 허둥대다　結婚する 결혼하다

Part 04

4月の行事とくらし

4월의 행사와 생활

Part 04　4月の行事とくらし

花より団子

　桜が咲く季節になると、家族や仲間、会社の同僚が桜の木の下に集まって、お弁当を広げて、お酒を飲んだり、歌を歌ったり……こんな光景が日本の至る所で繰り広げられます。これが日本の伝統行事「お花見」なのです。たぶんこんな風習は、日本でしか見られないのではないでしょうか。

　花見が盛んに行われるようになったのは、江戸時代の元禄のころからだと言われています。花見には金持ちも貧乏人もありません。それぞれが集団を作り、弁当を持って出かけ、飲んで食って大騒ぎをし

＜飲んで騒いで＞

ます。それは、普段は士農工商という厳しい身分制度の中で生活している庶民にとって、羽を伸ばしてリフレッシュする絶好の機会であったようです。それは今も変わりません。花見のときは上司も部下も無礼講で飲んで騒ぐのですが、ときには裸になって踊り出す人が現れたり、酒の勢いでけんかが始まったりと大変な騒動になることもあります。「花見」で見るものはもちろん桜です。夜に花見をすることは夜桜見物と言います。しかし、庶民にとっては、桜よりも飲み食い騒ぐことの方が楽しみなのです。これを「花より団子」と言います。

　もしあなたが、日本人が花見を楽しんでいる光景を見たら、あなたの日本人観が変わるかもしれません。

<花見団子>

仲間 한패, 동료, 친구 | 同僚 동료 | 光景 광경 | 至る所 도처, 곳곳, 가는 곳마다 | 繰り広げる 펼치다, 전개하다 | 伝統 전통 | ～のではないでしょうか ~한 것은 아닐까요? | 盛ん(な) 활발(한), 한창(인), 맹렬(한) | 元禄 에도시대중기, 히가시야마(東山) 천황때의 연호 | 金持ち 부자 | 貧乏人 가난한 사람 | それぞれ 각각, 각기, 각자 | 集団 집단 | 大騒ぎ 대소동 | 普段 평소, 항상 | 士農工商 사농공상 | 身分制度 신분제도 | 庶民 서민 | ～にとって ~에게 | 羽を伸ばす 날개를 펴다, 속박에서 벗어나다 | リフレッシュする(reflesh) 기분전환하다, 원기를 회복하다 | 絶好の機会 절호의 기회 | 上司 상사 | 部下 부하 | 無礼講 신분이나 지위의 상하를 가리지 않고 마음 놓고 즐기는 주연 | 裸 알몸, 벌거숭이 | 酒の勢い 술기운 | けんか 싸움, 다툼 | 騒動 소동 | 夜桜見物 밤 벚꽃 구경 | 花より団子 꽃보다 경단, 허울보다는 실속을 찾는 것

● 독해문을 읽고 다음 빈 칸을 채우세요.

Part 04

1　日本人は、花見に行ってどんなことをしますか。

2　日本で花見が盛んになったのは、いつごろからですか。

3　花見というのは、庶民にとってどのようなものなのですか。

4　「花より団子」というのは、どういう意味ですか。

5　金持ちも貧乏人も、上司も部下も差別がない飲み会をなんと言いますか。

문형 연습

ⓐ~ⓑ의 빈 칸을 채우세요.

Part 04

助詞を入れ、語を適当な形にして文を作りましょう。

01 〜のではないだろうか(でしょうか) ~한 것은 아닐까(요)?

→ たぶんこんな風習は、日本でしか見られないのではないでしょうか。
아마도 이런 풍습은 일본에서만 볼 수 있는 것이 아닐까요?

ⓐ 会社の業績も伸びていますから、給料も＿＿＿＿＿＿のではないでしょうか。

ⓑ 空が暗くなってきたから、もしかして＿＿＿＿＿＿んじゃないか。

02 〜にとって ~에게, ~에게 있어서, ~로서

→ しかし、庶民にとって、桜よりも飲み食い騒ぐことの方が楽しみなのです。 그러나 서민에게는 벚꽃보다도 먹고 마시며 떠들썩하게 노는 것이 더 즐겁습니다.

ⓐ 私たちにとって、一番大切なのは＿＿＿＿＿＿＿＿＿＿。

ⓑ それは＿＿＿＿にとって、初めての経験だった。

03 〜ようだ(感覚推量) ~인 것 같다(감각 추량)

→ 庶民が羽をのばして、リフレッシュする絶好の機会であったようです。
서민이 속박에서 벗어나서 기분전환을 할 수 있는 절호의 기회였습니다.

ⓐ 寒気がします。どうも＿＿＿＿＿＿＿＿＿＿ようです。

ⓑ この靴、少しサイズが＿＿＿＿ようなので、＿＿＿＿のに換えてください。

• 짧은 독해문을 읽어 보세요.

Part 04

梅と桜のお話

日本に梅がもたらされたのは、奈良時代、遣唐使が薬用として持ち帰ったのが最初のようです。この時代、花といえば梅を指しました。当時、梅は中国の文人たちに大変愛されていた花でしたから、中国文化を理想としていた当時の日本人にとって、梅こそ花の代名詞でした。しかし平安時代に入り、「かな」が作られ、遣唐使が廃止されると、しだいに国風文化と言われる独自の文化が形成されていきます。それにつれて、梅よりも昔から日本の山野に原生していた桜が尊ばれるようになり、やがて梅は桜と交代しました。このように桜が国花とされるようになったのは、国風文化の発展と密接な関係があったのです。

もたらす 가져오다, 초래하다 | **遣唐使** 견당사, 나라시대에 일본이 당나라에 파견했던 사절 | **薬用** 약용 | **～として** ~로서 | **代名詞** 대명사 | **廃止する** 폐지하다 | **しだいに** 점차로 | **国風文化** 국풍 문화 | **独自** 독자 | **形成する** 형성되다, 형성하다 | **～ていく** ~해 가다 | **～につれて** ~함에 따라서 | **原生する** 원생하다 | **尊ぶ** 존중하다, 공경하다 | **国花** 국화 | **やがて** 이윽고, 머지않아 | **交代する** 교체되다, 교체하다 | **密接(な)** 밀접(한)

「ひらがな」のもとになった漢字

安 あ	以 い	宇 う	衣 え	於 お
加 か	幾 き	久 く	計 け	己 こ
左 さ	之 し	寸 す	世 せ	曽 そ
太 た	知 ち	川 つ	天 て	止 と
奈 な	仁 に	奴 ぬ	祢 ね	乃 の
波 は	比 ひ	不 ふ	部 へ	保 ほ
末 ま	美 み	武 む	女 め	毛 も
也 や		由 ゆ		与 よ
良 ら	利 り	留 る	礼 れ	呂 ろ
和 わ				遠 を
无 ん				

 4月(卯月)の暦

❶ エイプリルフール（4月1日）

4月1日は、エイプリルフールの日とされ、この日に嘘をついて、人を驚かせても許されることになっています。

❷ 花まつり（4月8日）

4月8日は、お釈迦さま生誕の日です。今から2500年前、ヒマラヤのふもと、カピラ国の太子として、ルンビニーの花園でお生まれになりました。

お釈迦さまがご誕生のとき、あたりに花が一斉に咲き、音楽が流れ、甘い雨が降ってきたと言われます。そこで、今でもお寺では花御堂を花で飾り、天地を指さした誕生のお姿を安置して、甘茶をかけてお祝いする「花まつり」が行われます。

❸ 入学式のシーズン

欧米では一般に9月に入学式がありますが、日本では入学式は桜が咲く春の恒例行事です。学習指導要領で「国旗を掲揚するとともに、国歌を斉唱するよう指導する」と定めたため、教育現場では様々な問題が発生しています。

❹ みどりの日（4月29日）

元は昭和天皇の「天皇誕生日」でしたが、現在は国民の祝日「みどりの日」に改名され、「自然に親しむとともにその恩恵に感謝し、豊かな心を育む日」となりました。

연습 문제

● 실력을 확인해 보세요.

1 ひらがな（下線部）のところを、漢字で書いてください。

① きせつ　　　　② かいしゃ　　　③ はなみ
（　　　）　　　（　　　）　　　（　　　）

④ かねもち　　　⑤ せいかつ　　　⑥ じょうし
（　　　）　　　（　　　）　　　（　　　）

⑦ たいへん　　　⑧ たのしむ　　　⑨ もち かえる
（　　　）　　　（　　　）　　　（　）（　）

2 漢字のところ（下線部）の読み方を、ひらがなで書いてください。

① 仲間　　　　　② 同僚　　　　　③ 至る 所
（　　　）　　　（　　　）　　　（　）（　）

④ 士農工商　　　⑤ 身分制度　　　⑥ 羽を 伸ばす
（　　　）　　　（　　　）　　　（　）（　）

⑦ 裸　　　　　　⑧ 勢い　　　　　⑨ 国風文化
（　　　）　　　（　　　）　　　（　　　）

3 （　）に助詞（ひらがな一字／要らないときは×）を入れてください。

① 桜（　）咲く季節（　）なる（　）、家族（　）仲間が桜（　）木（　）
　下（　）集まって、お弁当（　）広げる。

② 花見（　）盛んに行われるようになった（　）は、元禄（　）ころ（　）
　（　）だ（　）言われています。

③ 梅は奈良時代（　）遣唐使（　）薬用（　）して持ち帰った。

④ 中国文化（　）理想（　）していた当時（　）日本人（　）とって、梅
　（　）（　）花（　）代名詞でした。

Part 04

4 ＿＿＿部に、適当な語を選んで、文を完成させてください。

（それぞれ／ときに／もちろん／しだいに）

① 人は＿＿＿＿考え方がちがう。

② 私は雪国で育ちましたから、スキーは＿＿＿＿できます。

③ 彼は＿＿＿＿私のところへ遊びに来ます。

④ 台風が近づき、風雨が＿＿＿＿強くなってきた。

5 ＿＿＿部に、適当な語を選んで、文を完成させてください。

（にとって／について／として／につれて）

① 日本人は主食＿＿＿＿お米を食べます。

② その情報が事実かどうか＿＿＿＿調査しています。

③ 年をとる＿＿＿＿記憶力が衰えてくる。

④ あなた＿＿＿＿、一番大切なものは何ですか。

6 （　　）の語の形を変えて文を作ってください。

① 彼は自分の利益しか（考える→　　　　）と（する→　　　　）。

② 彼女は私の顔を全然（覚える→　　　　）（いる→　　　　）ようだった。

③ あの元気がない顔から（見る→　　　　）、彼、今日の試験はあまり（できた→　　　　）のではないでしょうか。

④ かな文字は平安時代に（作る→　　　　）と（言う→　　　　）いる。

---

4 雪国 눈이 많이 오는 지방　育つ 자라다, 크다　スキー 스키(ski)　台風 태풍　近づく 접근하다, 다가오다　風雨 비바람
5 主食 주식　情報 정보　事実 사실　調査する 조사하다　記憶力 기억력　衰える 쇠퇴하다
6 利益 이익　全然~ない 전혀 ~하지 않다　文字 문자

39

Part 05

５月の行事とくらし

5월의 행사와 생활

「こどもの日」とゴールデンウイーク

＜菖蒲で縛った紙兜＞

　ゴールデンウィークとは、4月末から5月初めにかけて、多くの祝日が重なった大型連休のことを言います。ゴールデン・ウィークには国民の祝日である「みどりの日(4/29)」「憲法記念日(5/3)」「国民の休日(5/4)」「こどもの日(5/5)」が含まれます。これらの祝日と土日がうまくつながると、1週間ほどの大型連休が発生します。

　このゴールデンウィークの過ごし方は人によって色々ですが、子どもがいる家庭では家族旅行に行くことが多いようです。この期間、日本の行楽地は子ども連れの家族で溢れます。調査では、2006年の海外旅行者は過去最高の56万人、国内旅行組が2000万人以上でしたから、ちょっとした民族大移動です。

＜こいのぼり＞

　さて、ゴールデンウイークの最終日にあたる5月5日は「こどもの日」です。古くは、「端午の節句」といって、男の子が強くたくましく育つことを祝う日でしたが、1948年に定められた国民の祝日法によって、男女の別なく、こどもの健全な発達を願う祝日となりました。しかし、もともと「端午の節句」の日だったので、菖蒲湯に入ったり、柏餅を食べたり、男の子のいる家では「兜」や「こいのぼり」「五月人形」を飾ったりします。

　この「こいのぼり」は、中国の昔話、急流だった黄河の竜門を昇りきったのが鯉だけだったという「鯉の滝登り」の話が元になっているようです。ここから、「登竜門」という言葉も生まれました。

＜柏餅＞

ゴールデンウイーク(golden week) 황금연휴 | ～から～にかけて ~에서 ~에 걸쳐 | 重なる 겹치다, 포개지다 | 大型連休 대형 연휴, 긴 연휴 | 憲法記念日 헌법 기념일 | 含む 포함하다 | うまい 잘하다, 좋다, 훌륭하다 | つながる 이어지다, 연결되다 | ～によって ~에 따라 | 過ごし方 보내는 방법 | 行楽地 행락지 | 子ども連れ 아이들 데리고 옴, 아이 동반 | 溢れる 넘치다 | 過去最高 과거 최고 | ちょっとした 평범한, 대수롭지 않은, 사소한 | 民族大移動 민족 대이동 | 端午の節句 단오절 | たくましい 늠름하다, 씩씩하다 | ～の別なく ~의 구별 없이 | 健全な発達 건전한 발달 | 菖蒲湯 창포탕 | 柏餅 떡갈나무 잎에 싼 팥을 넣은 찰떡 | 兜 투구 | こいのぼり 종이나 천 등으로 잉어 모양을 만들어 단오 때 기처럼 장대에 높이 다는것 | 五月人形 5월 단오절에 남자아이의 성장을 빌며 장식하는 무사 인형 | 飾る 장식하다 | 急流 급류 | 黄河 황하 | 竜門 용문 | ～きる 완전히 ~하다, 다 ~하다 | 鯉の滝登り 잉어의 폭포 오르기 | ～が元になる ~가 기원이 되다, ~가 기원이다 | 登竜門 등용문

● 독해문을 읽고 다음 빈 칸을 채우세요.

Part 05

1 ゴールデンウイークというのは、なんですか。

2 五月五日は「こどもの日」ですが、何年に定められましたか。

3 五月五日は、昔、なんと呼ばれていましたか。それはどんな日でしたか。

4 「こどもの日」には、どんなものを飾り、どんなものを食べますか。

5 「こいのぼり」は、どんな話が元になって生まれましたか。

문형 연습

● ⓐ~ⓑ의 빈 칸을 채우세요.

Part 05

助詞を入れ、語を適当な形にして文を作りましょう。

01　～から～にかけて　~에서 ~에 걸쳐서

⋯▶　ゴールデンウィークとは、4月末から5月初めにかけての大型連休のことを言う。　황금연휴란 4월 말에서 5월 초에 걸친 대형 연휴를 말한다.

ⓐ 昨夜は、＿＿＿＿＿から＿＿＿＿＿にかけて、何度か強い地震がありました。

ⓑ 日本では＿＿＿＿＿から＿＿＿＿＿にかけて、梅雨のシーズンです。

02　～によって [対応]　~에 따라서(대응)

⋯▶　ゴールデンウィークの過ごし方は人によっていろいろです。　황금연휴를 보내는 방법은 사람에 따라서 가지가지입니다.

ⓐ 時間によって、忙しいときもあるし、＿＿＿＿＿ときもある。

ⓑ ＿＿＿＿＿によって＿＿＿＿＿も違うから、「郷に入れば郷に従え」だよ。

03　～によって [基準・根拠]　~에 의해서, ~에 따라서(기준, 근거)

⋯▶　祝日法によって、男女の別なく、こどもの健全な発達を願う祝日となった。　축일법에 의해서 남녀의 구별 없이 아이들의 건전한 발달을 기원하는 축일이 되었다.

ⓐ 学生の＿＿＿＿＿によって、クラスを三つに分けることにしました。

ⓑ 未成年者の飲酒は、＿＿＿＿＿によって禁止されている。

• 짧은 독해문을 읽어 보세요.

Part 05

「母の日」とカーネーションのお話

　1907年、米国のアンナ・ジャービスが亡き母の追悼会で、母親の好きだったカーネーションを参列者たちに配りました。これが米国全土へ広がり、1914年には米議会で5月の第2日曜を「母の日」と定めました。

　日本では、教会の働きかけなどもあり、1949年ごろから「母の日」が年中行事として、一般に定着しました。現在でも、子どもが母親にカーネーションを贈ったり、日ごろの感謝を示す日として受け継がれています。

　カーネーションの花言葉は、母の愛情、清らかな愛などで、母性愛を表します。赤いカーネーションは「健在する母の愛情」、白いカーネーションは「亡き母から受けた愛情」を表しています。

追悼会 추도회 | カーネーション(carnation) 카네이션 | 参列者 참례자, 참렬자 | 配る 나누어주다, 분배하다 | 全土 전토 | 議会 의회 | 定める 정하다, 결정하다 | 教会 교회 | 働きかけ 작용, 운동 | 年中行事 연중행사 | 一般に 일반, 일반적으로, 대체로 | 定着する 정착하다 | 感謝を示す 감사의 마음을 나타내다 | 受け継ぐ 이어받다, 계승하다 | 花言葉 꽃말 | 清らか(な) 맑(은), 깨끗(한) | 母性愛 모성애 | 表す 나타내다 | 健在する 건재하다

菖蒲湯
しょうぶゆ

　端午の節句は厄除けの行事が行われる日で、中国では災厄を払う薬草として菖蒲を使っていたので、「菖蒲の節句」とも呼ばれます。現在の日本ではお風呂に入れて菖蒲湯にする風習が最も身近なようです。

5月(皐月)の暦

❶ メーデー（5月1日）

国際労働者祭。労働組合を中心に集会やデモ行進が行われます。

❷ 憲法記念日（5月3日）

　1947年5月3日、日本国憲法が発布されました。それを記念してこの日が国民の祝日と定められました。以来、50年にわたってこの憲法は全く改正を加えられることなく継続し、天皇象徴制・三権分立・民主主義・人権尊重・平和主義などを謳っています。
　憲法に関してよく議論されるのが、第九条の問題です。
　(1) 第九条、日本国民は、正義と秩序を基調とする国際平和を誠実に希求し、国権の発動たる戦争と、武力による威嚇または武力の行使は、国際紛争を解決する手段としては、永久にこれを放棄する。
　(2) 前項の目的を達するため、陸海空軍その他の戦力は、これを保持しない。国の交戦権は、これを認めない。
　この第九条を改正するかどうかが、日本の国政上、最大の焦点になっていて、憲法記念日には、護憲派と改憲派がそれぞれ集会を開き、激しくぶつかっています。

❸ こどもの日（5月5日）

❹ 国民の休日（5月4日）

　「国民の休日」は、働きすぎの現代人に休日を増やそうということで定められました。

❺ 母の日（5月第2日曜日）

연습 문제
● 실력을 확인해 보세요.

1 ひらがな（下線部）のところを、漢字で書いてください。

① ふくむ　　　　② すごしかた　　　③ かいがい旅行
（　　　）　　　（　　）（　　）　　（　　　）

④ だんじょ　　　⑤ ねがう　　　　　⑥ むかしばなし
（　　　）　　　（　　　）　　　　（　　　）

⑦ ことば　　　　⑧ きょうかい　　　⑨ あいじょう
（　　　）　　　（　　　）　　　　（　　　）

2 漢字のところ（下線部）の読み方を、ひらがなで書いてください。

① 憲法　　　　　② 大型連休　　　　③ 行楽地
（　　　）　　　（　　　）　　　　（　　　）

④ 溢れる　　　　⑤ 民族　　　　　　⑥ 健全
（　　　）　　　（　　　）　　　　（　　　）

⑦ 急流　　　　　⑧ 追悼会　　　　　⑨ 亡き　母
（　　　）　　　（　　　）　　　　（　　）（　　）

3 （　）に助詞（ひらがな一字／要らないときは×）を入れてください。

① ゴールデンウィーク（　）は、4月末（　）（　）5月初め（　）かけて、祝日（　）重なった大型連休（　）こと（　）言います。

② 祝日（　）土日（　）うまくつながる（　）、1週間（　）（　）の大型連休（　）発生します。

③ 子ども（　）いる家庭（　）は家族旅行（　）行くこと（　）多いようです。

④ 1949年（　）（　）から「母の日」（　）年中行事（　）して、一般に定着しました。

Part 05

4 ＿＿＿＿部に、適当な語を選んで、文を完成させてください。

（つながる／あふれる／うまれる／そだつ）

① 100メートル走で世界新記録が＿＿＿＿＿＿。

② 島と島が、橋で＿＿＿＿＿＿いる。

③ 思わず涙が＿＿＿＿＿＿きた。

④ 彼は子どものとき、アメリカで＿＿＿＿＿＿ので、英語が上手だ。

5 ＿＿＿＿部に、適当な語を選んで、文を完成させてください。

（にかけて／によって／によると／に対して）

① 明日は、ところ＿＿＿＿＿＿雨が降るでしょう。

② 昨夜から今朝＿＿＿＿＿＿雪が降りました。

③ 彼女は誰＿＿＿＿＿＿も親切だ。

④ 新聞＿＿＿＿＿＿、近く消費税が上がるらしい。

6 （　　）の語の形を変えて文を作ってください。

① その少女は（大きい→　　　　）（なる→　　　　）につれて、美しい娘に（成長する→　　　　）。

② 今、（勉強する→　　　　）（おく→　　　　）と、後で後悔するよ。

③ 弱い者を（いじめる→　　　　）りして、あなたは人として（恥ずかしい→　　　　）のですか。

④ 持ち金を全部（使う→　　　　）きって、夕飯代も（ある→　　　　）。

---

4 **世界新記録** 세계 신기록　**島** 섬　**橋** 다리　**思わず** 엉겁결에, 나도 모르게　**涙** 눈물　5 **昨夜** 어젯밤, 간밤　**今朝** 오늘 아침　**親切(な)** 친절(한)　**新聞** 신문　**近く** 머지않아　**消費税** 소비세　6 **少女** 소녀　**美しい** 아름답다　**娘** 딸, 미혼 여성　**成長する** 성장하다　**後悔する** 후회하다　**恥ずかしい** 부끄럽다, 창피하다　**持ち金** 가진 돈　**夕飯代** 저녁 밥값

Part 06

6月の行事とくらし

6월의 행사와 생활

露天風呂の日と混浴の伝統

6月26日は露天風呂の日です。大きな温泉地に行けば、ほとんど露天風呂がありますが、広い屋外で風呂に入るのも開放的で、気分が変わってよいものです。混浴のところも各地に残っていますが、混浴の露天風呂では女性客の方が元気がよく、男性客は恥ずかしそうに下を向いているケースが多いようです。

日本には「入込み湯」と言って、古くから混浴の風習がありました。奈良時代の「風土記」にも、こんこんと湧き出る温泉に、老若男女の区別なく、みんなが喜んで入ったと書いてあります。

江戸時代の中期にはたびたび混浴禁止令が出され、やがて男女別の銭湯が生まれるのですが、地方の温泉地では男女がいっしょに温泉につかり、お互いの背中を流し合うのは当たり前のことでした。今でも混浴の露天風呂はたくさんありますが、入口は男女別でも、中に入ると混浴浴場というところも多いですから、混浴が嫌な人は、事前によく調べておきましょう。

　さて、外国の皆さんにもう一つ気をつけてもらいたいことがあります。日本でお風呂というと湯風呂で、ゆっくり湯につかるのが習慣です。よく外国の人がホームステイすると、お風呂が終わった後、湯を抜いてしまうそうです。しかし日本では、お風呂に入る前に体を洗います。

　湯風呂にはつかるだけで、浴槽の中で体を洗いませんから、お湯は汚れないのです。これは日本での入浴のマナーなので、覚えておいてください。「郷に入れば郷に従え」ですよ。

＜家庭の湯風呂＞

 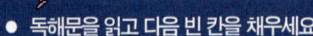

● 독해문을 읽고 다음 빈 칸을 채우세요.

Part 06

1　露天風呂というのは、どのような風呂のことですか。

　　_____

2　露天風呂はどのような点がいいのですか。

　　_____

3　混浴の風習は、昔はなんと呼ばれていましたか。

　　_____

4　江戸時代になって、混浴の風習はなくなりましたか。

　　_____

5　日本の湯風呂に入るとき、気をつけなければならないことはなんですか。

　　_____

Part 06

助詞を入れ、語を適当な形にして文を作りましょう。

01 ～そうだ ［様態］ ~일 것 같다, ~인 듯하다(양태)

→ 男性客は恥ずかしそうに下を向いているケースが多いようです。
남자 손님은 부끄러운 듯이 아래를 내려다보고 있는 경우가 많습니다.

ⓐ _____ そうなケーキ、買っていこうよ。

ⓑ _____ そうに見えるけれど、実際にやるのは難しいよ。

02 ～てある ~해 있다, ~되어 있다

→ ……温泉に、老若男女の区別なく、みんなが喜んで入ったと書いてあります。　……온천에 남녀노소 구별 없이 모두가 기뻐하며 들어가 있다고 쓰여 있습니다.

ⓐ 玄関のドアに「猛犬に注意」という札が_____あった。

ⓑ「もう夕ご飯の準備は終わりましたか」「はい、もう_____あります。」

03 ～ておく ［準備］ ~해 두다, ~해 놓다(준비)

→ 混浴が嫌な人は、事前によく調べておきましょう。
혼욕을 싫어하는 사람은 사전에 잘 조사해 둡시다.

ⓐ _____ おいたお菓子を、弟に食べられてしまった。

ⓑ _____ を冷蔵庫に入れて、_____ おきましょう。

Part 06

衣替えと入梅

衣替えは季節に応じて衣服を着替えることを言います。季節の変化がはっきりしている日本特有の習慣です。現在では、気候に合わせて何を着ても自由という風潮になっていますが、和服では今もこの習慣が厳格に守られていて、6月1日からは「単」（夏物）、10月1日からは「袷」（冬物）と決められています。

梅雨の季節に入ることを入梅といいますが、これ以後約一ヶ月間ほど雨が続き、うっとうしい期間になります。「梅雨」という言葉は、ちょうど梅の実が熟すころに雨が降ることからつけられたと言われています。

衣替え 철에 따라 옷을 갈아입음	入梅 장마철에 접어듦	～に応じて ~에 맞게, ~에 따라	衣服 의복	着替える 갈아입다
特有 특유	気候 기후	～に合わせて ~에 맞춰서	風潮 풍조	和服 일본 옷, 일본 전통 옷	厳格(な) 엄격(한)	単 홑
돈	袷 겹옷, 겹것	梅雨 장마	うっとうしい 음울하다, 마음이 개운치 않다	実が熟す 과실이 익다	～ことから ~한 점에서, ~한 때문에

衣替え

江戸時代の武家社会では年4回も衣替えをしていたそうです。衣替えが6月1日と10月1日になったのは明治以降で、学校や官公庁、銀行など制服を着用するところでは、現在もほとんどこの日に行われています。

6月（水無月）の暦

❶ 環境の日（6月5日）

　6月5日は「環境の日」です。1972年6月5日、第一回の地球サミット「国連人間環境会議」が開かれたのを記念して「世界環境デー」が制定されました。日本でも翌年からこの日を「環境の日」と定め、各地の環境保護団体が、クリーンアップ作戦などの運動をこの日を中心に展開しています。

❷ 海外移住の日（6月18日）

　1908年（明治41年）6月18日、日本から初の集団移住者781名を乗せた笠戸丸がブラジルのサントス港に到着しました。この後、中南米や北米への移民が相次ぎますが、入植した人たちは厳しく辛い生活を送りながら、これらの国々で日系人社会を築きました。ペルーのフジモリ前大統領のことは有名です。

❸ 父の日（6月第3日曜日）

　日ごろ一生懸命働いている父親に感謝する日として、6月の第3日曜日が、「父の日」として制定されました。米国の家庭では白いバラを贈りますが、日本では「愛する人の無事を願う」という気持ちを込めて、父の日には「黄色いリボン」を贈ることもあります。

❹ 露天風呂の日（6月26日）

연습 문제

실력을 확인해 보세요.

1 ひらがな（下線部）のところを、漢字で書いてください。

① おんせん　　　② げんき　　　③ ちほう
（　　　）　　　（　　　）　　　（　　　）

④ じぜんに　　　⑤ ゆを ぬく　　⑥ からだ
（　　　）　　　（　）（　）　　（　　　）

⑦ へんか　　　　⑧ きこう　　　⑨ じゆう
（　　　）　　　（　　　）　　　（　　　）

2 漢字のところ（下線部）の読み方を、ひらがなで書いてください。

① 屋外　　　　　② 気分　　　　③ 湧き 出る
（　　　）　　　（　　　）　　　（　）（　）

④ 老若男女　　　⑤ 銭湯　　　　⑥ 習慣
（　　　）　　　（　　　）　　　（　　　）

⑦ 汚れる　　　　⑧ 梅雨　　　　⑨ 風潮
（　　　）　　　（　　　）　　　（　　　）

3 （　）に助詞（ひらがな一字／要らないときは×）を入れてください。

① 広い屋外（　）風呂（　）入る（　）も開放的で、気分（　）変わってよいものです。

② 日本（　）は「入込み湯」（　）言って、古く（　）（　）混浴（　）風習（　）ありました。

③ 外国（　）皆さん（　）気（　）つけてもらいたいこと（　）あります

④ 日本（　）は、湯風呂（　）はつかる（　）（　）で、浴槽（　）中（　）体（　）洗いません。

Part 06

4 ＿＿＿部に、適当な語を選んで、文を完成させてください。

（ほとんど／たびたび／ゆっくり／はっきり）

① 言いたいことがあれば、＿＿＿＿＿言いなさい。
② 今日一晩、＿＿＿＿＿考えてから、返事をします。
③ この仕事を今日中に終わらせるのは、＿＿＿＿＿不可能です。
④ ＿＿＿＿＿電話して、申しわけありません。

5 ＿＿＿部に、適当な語を選んで、文を完成させてください。

（と／とき／まえ／あと）

① 東京に来る＿＿＿＿＿、大阪に住んでいました。
② 道を渡る＿＿＿＿＿、車に気をつけましょう。
③ この道をまっすぐ行く＿＿＿＿＿、駅があります。
④ この論文を読んだ＿＿＿＿＿で、感想を聞かせてください。

6 （　　）の語の形を変えて文を作ってください。

① その鞄、ポケットがたくさん（ある→　　　　）、（便利→　　　　）そうですね。
② ビールは冷蔵庫に（入れる→　　　　）（冷やす→　　　　）ある。
③ 後で（読む→　　　　）おきますから、そこに原稿を（置く→　　　　）（おく→　　　　）ください。
④ ご主人がお（帰る→　　　　）になったら、山田から電話が（ある→　　　　）とお（伝える→　　　　）ください。

---

4 一晩 하룻밤　返事 대답　不可能(な) 불가능(한)　5 道を渡る 길을 건너다　駅 역　論文 논문　感想 감상
6 ポケット(pocket) 주머니　冷蔵庫 냉장고　原稿 원고　伝える 전하다

Part 07

7月の行事とくらし

7월의 행사와 생활

天の川伝説と「七夕まつり」

　七夕といえば、牽牛と織姫が、年に一度だけ天の川を渡って会うことができるという、悲しくロマンあふれる恋の物語を思い出しますね。

　この伝説が中国から日本に伝わったのは、奈良時代だそうです。この牽牛星と織姫星の伝説と、日本古来の棚機津女の信仰が混ざり合って、星に技芸の上達やお米の豊作を祈る宮中行事が生まれました。それで7月7日が「たなばた」と呼ばれているのです。

　江戸時代になると、七夕の行事は民間にも広がりました。笹竹に願いごとを書いた短冊を飾るスタイルもこのころ定着したようです。この短冊を飾るのは

6日の夜で、7日には七夕飾りを海や川へ流します。しかし、現在は環境汚染問題から川や海に流せなくなったため、神社で燃やしてもらうのが一般的なようです。全国各地で七夕まつりが行われていますが、中でも仙台と平塚の七夕まつりが有名です。街は和紙と竹でつくられた豪華な七夕飾りで埋め尽くされます。

　さて、もともと日本では旧暦の七夕でお祝いをしていたのですが、明治に太陽暦へ移行してからは、しだいに新暦で行われるようになりました。ところが新暦の7月7日は梅雨の真っ最中なのです。もしその晩に雨が降って川を渡ることができないと、牽牛と織姫はその年はもう会えません。ですから、七夕の晩は雨が降らないようにお祈りしましょうね。

＜七夕まつり＞

天の川 은하수 | 伝説 전설 | 七夕 칠석 | ～といえば ~라면, ~라고 하면 | 牽牛 견우 | 織姫 직녀 | ロマンあふれる 낭만이 넘치다 | 恋の物語 사랑 이야기 | 思い出す 생각해내다, 회상하다 | 牽牛星 견우성 | 織姫星 직녀성 | 古来 고대, 예로부터 | 信仰 신앙 | 混ざり合う 서로 섞이다, 뒤섞이다 | 技芸 기예 | 上達 기능이 향상됨 | 豊作 풍작 | 祈る 기원하다 | 宮中行事 궁중행사 | 笹竹 조릿대 | 短冊 와카나 하이쿠 등을 쓰는 좁고 두꺼운 종이 | 飾る 장식하다 | スタイル(style) 스타일, 양식 | 定着する 정착하다 | 環境汚染 환경오염 | 神社 신사 | 燃やす 태우다 | 一般的 일반적 | 中でも 그 중에서도 | 和紙 일본 종이 | 豪華(な) 호화(로운) | 埋め尽くす 가득 채우다, 가득 메우다 | 移行する 이행하다 | ところが 그런데 | 梅雨 장마 | 真っ最中 한창 ~인 때

● 독해문을 읽고 다음 빈 칸을 채우세요.

Part 07

1　七夕に関係が深い物語はなんですか。

2　どうして７月７日が「たなばた」と呼ばれるようになりましたか。

3　竹笹に飾る短冊には何を書きますか。

4　どうして最近、七夕飾りが海や川に流せなくなりましたか。

5　今の日本では、どうして七夕が梅雨の季節に行われているのですか。

문형 연습

ⓐ~ⓑ의 빈 칸을 채우세요.

Part 07

助詞を入れ、語を適当な形にして文を作りましょう。

01 ～といえば ~라면, ~라고 하면

→ 七夕といえば、牽牛と織姫が年に一度だけ……という物語を思い出します。 칠석이라고 하면 견우와 직녀가 일 년에 한 번……이라는 이야기가 생각납니다.

ⓐ ＿＿＿＿＿といえば、もう何年も会っていないなぁ。

ⓑ 子どものころといえば、＿＿＿＿＿＿＿＿＿を思い出します。

02 ～てもらう ~해 주다(~해 받다)

→ 七夕飾りを海や川へ流して、神さまに持ち去ってもらいます。 칠석 장식을 강이나 바다에 떠내려 보내서 신이 가지고 가게 합니다.

ⓐ 私はソンさんに＿＿＿＿＿まで、車で＿＿＿＿＿もらいました。

ⓑ 高いですね。もう少し＿＿＿＿＿もらえませんか。

03 ～ため(に) [原因・理由] ~때문(에), ~해서(원인・이유)

→ 川や海に流せなくなったため、神社で燃やしてもらうのが一般的なようです。 강이나 바다에 떠내려 보낼 수 없게 되어 신사에서 태우는 것이 일반적입니다.

ⓐ ご迷惑をおかけして申し訳ありません。ただ今、＿＿＿＿＿ため、電車が遅れております。

ⓑ ＿＿＿＿＿＿＿＿＿ために、試験が受けられませんでした。

● 짧은 독해문을 읽어 보세요.   Part 07

お中元の起源

お中元というと、7月のはじめから15日くらいまでに、日ごろお世話になっている親戚や上司に、品物を贈る日本の習慣ですが、もとは日付を表すことばで、その起源は中国にあります。お中元の「中元」は旧暦の7月15日で、道教の習俗「三元（上元・中元・下元）」の一つです。道教ではこの日を贖罪の日として、神に食物を供えてお祀りし、人々をもてなす習慣がありました。これが日本に伝わり、お盆と結びついたのが中元で、お盆に一族が先祖の霊に捧げる品を持ち寄ったのが始まりだと言われています。

| お中元 중원 | 日ごろ 평소, 평상시 | 親戚 친척 | 上司 상사 | 日付 날짜 | 起源 기원 | 道教 도교 | 習俗 습속 | 贖罪 속죄 | お盆 백중맞이, 음력 7월 15일 | 結びつく 결부되다, 밀접한 관계를 갖다 | 霊に捧げる 각자 가지고 모이다, 추렴하다 | 持ち寄る |

〈七夕のときの夜空〉

7月(文月)の暦

❶ 七夕（7月7日）

❷ 土用の鰻

　土用とは、立春・立夏・立秋・立冬の前18日間を言いますが、今では立秋の前だけを土用と呼んでいます。ちょうど大暑の少し前から終わりまでの「暑中」にあたります。土用の入りは、だいたい7月の20日ごろになります。日本には土用の丑の日は「う」のつくものを食べる習慣があります。うどん・梅干・うり・鰻などさまざまですが、夏の疲労をとり、夏痩せを防ぐというのが目的のようです。特に「土用の鰻」と言って、鰻を食べるのが一種の夏の行事になっています。

❸ 海の日（7月第3月曜日）

＜朝鮮と日本を結んだ古代船（復元）＞

　7月の第3月曜日は、「海の日」です。もとは「海の記念日」と呼ばれていましたが、その後、1996年に「みんなで海のことを考え、海に親しみ、海を大切にしましょう」という趣旨に立って、国民の祝日「海の日」となりました。
　日本は周りを海で囲まれた海洋国で、海との関わりはとても深いです。古来、文化は中国・朝鮮から海を渡ってもたらされましたし、今も日本と外国との間で行われる貿易の99.8％が海上輸送に支えられています。また海は、魚や貝や昆布など、豊かな水産物を提供してくれています。ところが、普段日本人はこの海の恵みを忘れているようです。そこで、この「海の日」が制定されました。

연습 문제

실력을 확인해 보세요.

1 ひらがな（下線部）のところを、漢字で書いてください。

① わたる　　　　② かなしい　　　③ ほし
　（　　　）　　　　（　　　）　　　　（　　　）

④ かんきょう　　　⑤ じんじゃ　　　⑥ いっぱんてき
　（　　　）　　　　（　　　）　　　　（　　　）

⑦ うみにながす　　⑧ たけ　　　　　⑨ しなもの
　（　）（　）　　　（　　　）　　　　（　　　）

2 漢字のところ（下線部）の読み方を、ひらがなで書いてください。

① 七夕　　　　　② 物語　　　　　③ 伝説
　（　　　）　　　　（　　　）　　　　（　　　）

④ 定着する　　　⑤ 汚染　　　　　⑥ 行う
　（　　　）　　　　（　　　）　　　　（　　　）

⑦ 豪華　　　　　⑧ 真っ最中　　　⑨ 世話
　（　　　）　　　　（　　　）　　　　（　　　）

3 （　）に助詞（ひらがな一字／要らないときは×）を入れてください。

① 七夕（　）いえば、牽牛（　）織姫が年（　）一度（　）（　）天の川（　）渡って会うこと（　）できる（　）いう恋の物語（　）思い出す。

② 江戸時代（　）なる（　）、七夕（　）行事は民間（　）も広がった。

③ お中元（　）いうと、7月のはじめ（　）（　）15日くらいまで（　）、日ごろお世話（　）なっている人（　）、品物（　）贈る日本の習慣です。

④ 道教（　）はこの日（　）贖罪（　）日（　）して、神（　）食物（　）供えてお祀りし、人々（　）もてなす習慣（　）ありました。

Part 07

4 _____部に、適当な語を選んで、文を完成させてください。

（おもいだす／ひろがる／もてなす／おくる）

① レモンの酸っぱさが、口いっぱいに_____。

② 宿題があったことを、突然_____。

③ ごちそうを作って、お客を_____。

④ 母の日にプレゼントを_____。

5 _____部に、適当な語を選んで、文を完成させてください。

（さて／ところが／もし／だから）

① 宝くじを拾った。_____それは一億円の当籤くじだった。

② それみろ。_____やめておけと言ったじゃないか。

③ _____私にできることがあったら、何でも言ってください。

④ _____、これからどうしたらいいだろうか。

6 (　　)の語の形を変えて文を作ってください。

① 「暖冬ですね」「ええ、（暖冬→　　　　）といえば、北京では旧正月の（前→　　　　）のに、気温が18度を（越える→　　　　）そうです。」

② なんでも（謝る→　　　　）ば、（許す→　　　　）もらえると、（考える→　　　　）方がいいよ。

③ （笑う→　　　　）過ぎたために、お腹が（痛い→　　　　）なった。

④ 誰にも（知られる→　　　　）ように、この手紙を彼女に（渡す→　　　　）いただけませんか。

---

4 酸っぱい 시다　突然 갑자기　ごちそう 맛있는 음식　5 宝くじ 복권　拾う 줍다　当籤くじ 당첨된 복권
6 暖冬 포근한 겨울　旧正月 음력 설　気温 기온　越える 넘다, 초과하다　謝る 사과하다　許す 용서하다　～過ぎる 너무 ~하다

Part 08

8月の行事とくらし

8월의 행사와 생활

夏の風物詩、盆踊りと花火大会

　お盆は旧暦の7月15日を中心に行われる先祖供養の儀式で、先祖の霊があの世からこの世に戻ってくるという日本古来の信仰と、仏教が結びついてできた行事です。明治以後に多くの行事が新暦（太陽暦）に移行しましたが、お盆の行事だけは、今でも8月の同じ期間に行う地方が多いようです。だいたい8月13日の「迎え盆」から16日の「送り盆」までの4日間をお盆としています。

<灯籠流し>

　お盆の間に、人々はお墓まいりをして、お墓の掃除をします。自宅の仏壇もきれいに掃除して、花や季節の野菜を供えます。そして盆の終わりには、送り火をしてご先祖さまをあの世へ送り出す行事、灯籠流しがあります。京都の有名な「大文字焼き」（正式名：五山の送り火）は、これが大規模になったものです。日本人にとって、先祖供養のための、一年で一番大切な日と言える

でしょう。

　さて、お盆の期間に寺の境内や町の広場などでは盆踊りが行われます。村や町内会の恒例行事となって
＜高知の阿波踊り＞
いますから、日本人なら誰でも心に残る夏祭りや盆踊りの思い出があることでしょう。今でこそ、盆踊りというと、人々が櫓を囲んで太鼓を打ち、ゆかたを着て踊って楽しむ遊びのイメージしかありませんが、もともとはお盆に戻った霊を慰めて、送り出すための儀式だったのです。このお盆、盆踊りと切り離せないのが、夏の風物詩、花火大会でしょうね。

읽고 답하기 ● 독해문을 읽고 다음 빈 칸을 채우세요.   Part 08

1 お盆というのは、どのような行事ですか。
   _____

2 「あの世」というのはどういう意味ですか。
   _____

3 灯籠流しというのは、何のために行う行事ですか。
   _____

4 盆踊りは、もともとどのような意味を持っていましたか。
   _____

5 お盆は、日本人にとってどんな日ですか。
   _____

문형 연습

● ⓐ~ⓑ의 빈 칸을 채우세요.

Part 08

助詞を入れ、語を適当な形にして文を作りましょう。

01　～を～とする　~를 ~로 하다

→　8月13日の「迎え盆」から16日の「送り盆」までの4日間をお盆として
います。　8월 13일의 '무카에봉(迎え盆)'에서 16일의 '오쿠리봉(送り盆)'까지 4일간을 오봉으로 하고 있습니다.

ⓐ この会は＿＿＿＿＿を目的としてつくられたボランティア団体
です。

ⓑ 警察はその男を＿＿＿＿＿として、全国に指名手配した。

02　～ため(に／の)［目的］　~하기 위해(서 / 한)［목적］

→　先祖供養のための……／お盆に戻った霊を慰めて、送り出すための儀式
조상을 공양하기 위한…… / 오봉을 맞아 돌아온 영혼을 위로해서 돌려보내기 위한 의식

ⓐ ＿＿＿＿＿ために、みんなで歓迎会を開いた。

ⓑ 人は食べるために＿＿＿＿のではなく、生きるために＿＿＿＿
のです。

03　～こそ　~야 말로

→　今でこそ、盆踊りというと、人々が櫓を囲んで太鼓を打ち、……
지금은 봉오도리라고 하면 사람들이 망루를 에워싸고 북을 치며……

ⓐ「主人がいろいろお世話になっております。」「いいえ、＿＿＿＿こそ。」

ⓑ 今年はだめだったが、＿＿＿＿こそは合格するぞ。

보충 학습 • 짧은 독해문을 읽어 보세요.

Part 08

暑中見舞い

暑中というのは「大暑」にあたる期間のことで、7月20日ごろから8月8日ごろの立秋の前日までを指します。ですから、暑中見舞いはこの間に相手に着くように出します。その期間を過ぎた場合は、残暑見舞いとして出します。

なお、年賀状のように、暑中見舞い・残暑見舞いをいただいた場合も、必ず礼状を出しましょうね。

暑中見舞い 복중 문안 | **大暑** 대서, 소서와 입추 사이 | **指す** 가리키다 | **残暑見舞い** 늦더위 문안 | **～として** ~로서 | **年賀状** 연하장 | **必ず** 반드시 | **礼状** 예장, 감사의 편지

全国高校野球大会

もう一つの夏の風物詩が、全国高校野球大会。毎年、甲子園球場で熱戦が繰り広げられる。

8月(葉月)の暦

❶ 原爆投下～敗戦（8月15日）へ

8月 6日　広島に原爆投下
8月 9日　長崎に原爆投下
8月15日　ポツダム宣言受諾・日本無条件降伏（＝「終戦記念日」）
8月30日　連合国最高司令官マッカーサー元帥、厚木飛行場に降り立つ。

「原爆～終戦記念日」

＜広島に投下された原爆＞

　アメリカ軍は1945年の8月6日広島に、8月9日長崎に原爆を投下しました。広島では30万人、長崎では8万人の市民の命が一瞬にして奪われました。軍部はなお「本土決戦」を叫んでいましたが、天皇の決断で「ポツダム宣言」の受諾が決定されました。
　1945年8月15日、NHKラジオは天皇の肉声によって全国民に日本が戦争に負けたことを伝えました。日本ではこの日を太平洋戦争終結の日として、終戦記念日としています。他方、この日は韓国や台湾の人々にとっては日本の植民地支配から解放された記念すべき日であり、韓国では「光復節」として国民の祝日となっています。

❷ 夏休みの終わり（8月31日）

　小中学校では、夏休みを7/20～8/31としているところがほとんどですが、夏暑い地域では少し長いかわりに冬休みが短くなったり、逆に冬寒い地域では夏休みを短くされて冬休みが長かったりします。しかし、ほとんどの小中学校では、この日に楽しい夏休みが終わります。

69

연습 문제

● 실력을 확인해 보세요.

1 ひらがな（下線部）のところを、漢字で書いてください。

① ちゅうしん　　② ぶっきょう　　③ そうじ
（　　　）　　　（　　　）　　　（　　　）

④ ゆうめい　　　⑤ たいせつ　　　⑥ てら
（　　　）　　　（　　　）　　　（　　　）

⑦ ひろば　　　　⑧ おくりだす　　⑨ はなび
（　　　）　　　（　）（　）　　（　　　）

2 漢字のところ（下線部）の読み方を、ひらがなで書いてください。

① 先祖供養　　　② 信仰　　　　　③ お墓
（　　　　）　　（　　　）　　　（　　　）

④ 境内　　　　　⑤ 恒例　　　　　⑥ 盆踊り
（　　　　）　　（　　　）　　　（　　　）

⑦ 慰める　　　　⑧ 暑中見舞い　　⑨ 年賀状
（　　　　）　　（　　　　）　　（　　　）

3 （ ）に助詞（ひらがな一字／要らないときは×）を入れてください。

① 明治以後（ ）多く（ ）行事（ ）新暦（ ）移行しました。

② お盆（ ）は先祖（ ）霊（ ）あの世（ ）（ ）この世（ ）戻ってくる（ ）いう日本古来（ ）信仰（ ）ある。

③ 日本人（ ）（ ）誰（ ）（ ）心（ ）残る夏祭り（ ）盆踊り（ ）思い出（ ）あることでしょう。

④ 今（ ）は盆踊り（ ）いう（ ）、人々（ ）ゆかた（ ）着て踊って楽しむ遊び（ ）イメージ（ ）（ ）ありません。

Part 08

4 ＿＿＿部に、適当な語を選んで、文を完成させてください。

　　（はずかしい／かなしい／きれい／たのしい）

① 人生、＿＿＿＿＿生きなければ損ですよ。

② 少女は＿＿＿＿＿そうに、顔を赤くして下を向いた。

③ 彼女の日本語の発音は、とても＿＿＿＿＿です。

④ 言いにくいことですが、＿＿＿＿＿お知らせがあります。

5 ＿＿＿部に、適当な語を選んで、文を完成させてください。

　　（を中心に／に応じて／というと／こそ）

① 最近、休日＿＿＿＿＿雨が降るね。

② どこの国も自分の国＿＿＿＿＿世界地図を書いている。

③ わが社は、社員の業績＿＿＿＿＿給料を払います。

④ このような困難な時に＿＿＿＿＿、全員が力を合わせなければならない。

6 （　　）の語の形を変えて文を作ってください。

① 今回の登山は、安全を（第一→　　　　）として、決して無理を（する→　　　　）ように（する→　　　　）なさい。

② 父は娘を医大に（行く→　　　　）ために、塾に（通う→　　　　）。

③ （暑い→　　　　）のためか、どうも食欲が（ある→　　　　）。

④ 「金さん、席が（空く→　　　　）います。お（座る→　　　　）ください。」

　　「あなたこそ、お（疲れる→　　　　）でしょう。どうぞ。」

---

4 人生 인생　損 손해　少女 소녀　発音 발음
5 最近 최근　世界地図 세계지도　業績 업적　給料を払う 급료를 지불하다　困難(な) 곤란(한)　力を合わせる 힘을 합치다
6 登山 등산　安全 안전　無理をする 무리하다　塾に通う 학원에 다니다　食欲 식욕　空く 비다

71

Part 09

9月の行事とくらし

9월의 행사와 생활

関東大震災と「防災の日」

　9月1日は「防災の日」です。1923年のこの日に起きた関東大震災（死者・行方不明者14万人以上、江戸以来の木造建築はこのとき、火事で焼失しました）の教訓を忘れないという意味を込めて、1960年に制定されました。

＜関東大震災時の横浜＞

　もう一つの由来が「二百十日」という厄日です。立春から数えて210日目、太陽暦で9月1日ごろが、台風が一番よく来襲する厄日なのです。そこで、9月1日

の防災の日には、日本全国で大地震や災害の発生を想定した防災訓練が行われています。

　日本では昔から怖いものを順に並べて、「地震・雷・火事・親父」と言いました。最近では「親父」は怖くなくなりましたが、やはり地震は日本人が一番怖いものでしょう。1995年1月17日にも阪神淡路大震災が起こり、死者6,434名、行方不明者3名、家屋の倒壊など、10兆円規模の被害を出しています。そのため、日本の家庭では、いざという時に備えて避難場所を確認しあい、各人用の非常持ち出し袋が用意されています。

その中身は一人で持ち出せる最低限のもの、例えば、ミネラルウォーター、インスタント食品、缶詰、医薬品などです。みなさん、「備えあれば、憂いなし」ですよ。

읽고 답하기

● 독해문을 읽고 다음 빈 칸을 채우세요.

Part 09

1 どうして９月１日が「防災の日」に定められたのですか。

_____

2 防災の日にはどのようなことが行われますか。

_____

3 「二百十日」というのはどのような日ですか。

_____

4 日本の家庭では、地震に備えて、どのような準備をしていますか。

_____

5 非常持ち出し袋にはどんな物が入っていますか。

_____

助詞を入れ、語を適当な形にして文を作りましょう。

01 ～以来／～て以来　~이래, ~이후 / ~한 이래, ~한 이후

→ 江戸以来の木造建築は、このとき、火事で焼失しました。
　에도시대 이후의 목조 건축은 이때 화재로 소실되었습니다.

ⓐ 父は病気で入院して以来、＿＿＿＿＿＿＿＿＿＿＿＿＿＿＿＿。

ⓑ 先月以来、＿＿＿＿＿＿＿＿＿＿＿＿＿＿＿＿＿。

02 ～を込めて　~를 담아서, ~를 다해서

→ 関東大震災の教訓を忘れないという意味を込めて、1960年に制定されました。　관동 대지진의 교훈을 잊지 않으려는 의미를 담아서 1960년에 제정되었습니다.

ⓐ 母はいつも＿＿＿＿＿を込めて、私たちのお弁当を作ってくれた。

ⓑ 無事に育ってほしいという願いを込めて、母は＿＿＿＿＿＿＿。

03 ～なくなる　~하지 않게 되다

→ 最近では「親父」は怖くなくなりました。
　최근에는 '아버지'는 무섭지 않게 되었습니다.

ⓐ 昔はとてもおいしかったけど、最近、あまり＿＿＿＿＿ね。

ⓑ 若いころはずいぶん飲んだが、年をとってあまりお酒が＿＿＿＿＿＿。

• 짧은 독해문을 읽어 보세요.

Part 09

敬老の日（9月15日）

9月15日は「敬老の日」です。長い間社会のために尽くしてきた高齢者を敬い、長寿を祝う日ですが、それとともに若い世代に高齢者福祉に関心を持ってもらおうという気持ちが込められています。

みなさん、高齢者というのは何歳からか知っていますか。一般に65歳以上を高齢者と呼び、高齢者の割合が7%～14%の社会を高齢化社会、14%～21%の社会を高齢社会、それ以上を超高齢社会と呼んでいます。日本は1994年に高齢社会となりましたが、2010年には超高齢社会となる見込みです。

| 敬老の日 경로의 날 | 尽くす 애쓰다, 진력하다 | 高齢者 고령자 | 敬う 존경하다, 공경하다 | 長寿 장수 | 祝う 축하하다 | ～とともに ~와 더불어, ~와 함께 | 福祉 복지 | ～に関心を持つ ~에 관심을 갖다 | 割合 비율 | 見込み 전망, 예상, 장래성 |

お月見（中秋の名月）

お月見は旧暦の8月15日に月を鑑賞する行事で、「中秋の名月」、「十五夜」と呼ばれます。月見の日には、おだんごやススキ、サトイモなどをお供えします。

月見団子

9월의 특별한 날 — 9月（長月）の暦

❶ 防災の日（9月1日）

❷ 菊［重陽］の節句（9月9日）

❸ 中秋の名月（9月15日）

　旧暦で8月15日の月を「十五夜」「中秋の名月」と言います。旧暦では1～3月が春、4～6月が夏、7～9月が秋、10～12月が冬です。そこで8月は秋の真ん中の月なので「中秋」と呼ばれています。
　古来、満月が一番美しいものとされました。中でも中秋のこの時期は空気が澄んでいて、最も美しい満月が見られるということで、平安時代初期に、この日に月を見ながら宴会をする風習ができたのです。一般庶民の間に広まったのは江戸時代以降で、月の見えるところにすすきを飾り、月見団子、里芋、枝豆などを盛って、大人は月見酒を飲みます。

❹ 敬老の日（9月15日）

❺ 秋分の日（9月23日ごろ）

　秋分の日は春分の日と同様に、昼と夜の長さが等しくなる日です。秋分の日を中心とした前後一週間を「秋彼岸」と言います。家々では、家族でお墓まいりに行ったり、祖先を供養する「法会」を行ったりします。
　もともと日本では、春分と秋分のころに豊作を祝う神道行事がありましたが、仏教の浸透とともに秋分は「秋の彼岸」として祖先を供養する意味を持ち始めました。そして1948年には、広い意味で「祖先を敬い、亡くなった人を忍ぶ日」として国民の祝日に制定されました。

연습 문제

● 실력을 확인해 보세요.

1 ひらがな（下線部）のところを、漢字で書いてください。

① 江戸<u>いらい</u>　　② <u>かじ</u>で焼ける　　③ <u>わすれる</u>
　（　　　）　　　　（　　　）　　　　　（　　　）

④ <u>いみ</u>　　　　⑤ <u>たいふう</u>　　　　⑥ <u>じしん</u>
　（　　　）　　　　（　　　）　　　　　（　　　）

⑦ <u>かみなり</u>　　⑧ <u>ようい</u>　　　　　⑨ <u>たとえば</u>
　（　　　）　　　　（　　　）　　　　　（　　　）

2 漢字のところ（下線部）の読み方を、ひらがなで書いてください。

① <u>行方不明</u>　　② <u>木造建築</u>　　　　③ <u>由来</u>
　（　　　）　　　　（　　　）　　　　　（　　　）

④ <u>来襲</u>　　　　⑤ <u>家屋</u>　　　　　　⑥ <u>被害</u>
　（　　　）　　　　（　　　）　　　　　（　　　）

⑦ <u>中身</u>　　　　⑧ <u>備える</u>　　　　　⑨ <u>長寿</u>
　（　　　）　　　　（　　　）　　　　　（　　　）

3 （　）に助詞（ひらがな一字／要らないときは×）を入れてください。

① 立春（　）（　）数えて210日目、太陽暦（　）9月1日ごろが、台風（　）一番（　）よく来襲する厄日なのです。

② 防災の日（　）は、日本全国（　）大地震（　）災害（　）発生（　）想定した防災訓練（　）行われています。

③ 日本（　）家庭（　）は、いざ（　）いう時（　）備えて避難場所（　）確認しあい、非常持ち出し袋（　）用意されています。

④ 高齢者（　）いう（　）は何歳から（　）知っています（　）。

Part 09

4 _____部に、適当な語を選んで、文を完成させてください。

　　　（やはり／いざ／たとえば／いっぱんに）

① その資料は、まだ＿＿＿＿＿＿公開されていない。

② ＿＿＿＿＿＿畳の部屋は落ち着くね。

③ ＿＿＿＿＿＿受験というときになって、慌てないように。

④ この国は多くの問題、＿＿＿＿＿＿環境問題などを抱えている。

5 _____部に、適当な語を選んで、文を完成させてください。

　　　（以来／以前／以後／以外）

① 私たちは＿＿＿＿＿＿ほどお米を食べなくなりました。

② どうもすみませんでした。＿＿＿＿＿＿気をつけます。

③ 彼とは小学校＿＿＿＿＿＿のつきあいです。

④ 関係者＿＿＿＿＿＿の立ち入りを禁止する。

6 (　　)の語の形を変えて文を作ってください。

① 私は日本に（留学する→　　　　）以来、まだ一度も国に（帰る→　　　　）（いる→　　　　）。

② 母はいつも（私→　　　　）ために、心を（込める→　　　　）お弁当を（作る→　　　　）くれた。

③ ワープロを（使う→　　　　）ようになって、漢字が（書く→　　　　）なくなった。

④ 老後に（備える→　　　　）、（貯金する→　　　　）おこうと思う。

---

4 資料 자료　公開する 공개하다　畳の部屋 다다미방　落ち着く 자리 잡다, 안정하다, 진정되다　慌てる 당황하다, 허둥대다　抱える 안다, 책임지다, 떠맡다　**5** 関係者 관계자　立ち入り 출입　禁止する 금지하다　**6** 心を込める 마음을 담다　老後 노후　備える 대비하다　貯金する 저금하다

Part 10

10月の行事とくらし

10월의 행사와 생활

Part 10 10月の行事とくらし

「体育の日」と秋の運動会

<二人三脚走>

　以前は10月10日、今は10月の第2月曜日が「体育の日」として祝日になっています。この「体育の日」は、1964年のこの日、東京オリンピックの開会式が行われたのを記念して制定されました。東京オリンピックは、日本にとって「戦後」の終わりを告げるものでした。このイベントを境にして、日本は貧しい国から豊かな国へと変身し、高度経済成長の時代のまっただ中に飛び込みます。

　さて、この「体育の日」の行事といえば小中学校で行われる「秋の運動会」でしょう。では、この「運動会」はいつのころから始まったのでしょうか。日本でも刀術や弓術、馬術など特定の競

<綱引き>

技大会はあったのですが、「運動会」という体育全般にわたる行事は行われていませんでした。どうも運動会という行事は、明治の文明開化のころに西洋から持ち込まれたらしいです。最初は軍事訓練に近いものだったらしいのですが、回を重ねるにつれて、地域ぐるみのお祭りになっていきました。運動会では、秋晴れの空の下、親子が一緒に手づくりの弁当を広げ、親たちは「がんばれ〜」と声の限りに自分の娘や息子に声援を送ります。ですから、子どもたちにとって、運動会は昔も今も特別な行事なのです。

現代社会では運動不足やストレス、脂肪や糖分の多い食べ物を原因とする肥満が心配されるようになっていますから、「体育の日」を契機に、それぞれの体力や年齢に合ったスポーツを始めるのもいいかもしれませんね。

体育 체육 | オリンピック(olympic) 올림픽 | 告げる 고하다, 알리다 | イベント(event) 이벤트 | 貧しい 가난하다 | 豊かな 풍족한, 풍성한 | 変身する 변신하다 | 高度経済成長 고도 경제성장 | まっただ中 한창 ~할 때, 한가운데 | 飛び込む 뛰어들다 | 刀術・弓術・馬術 도술・궁술・마술 | 特定 특정 | 競技大会 경기대회 | 〜にわたる 〜에 걸치다 | 文明開化 문명개화 | 持ち込む 가지고 들어오다 ~해오다 | 軍事訓練 군사 훈련 | 回を重ねる 회를 거듭하다 | 〜につれて ~함에 따라서 | 地域ぐるみ 지역이 함께 | 秋晴れ 쾌청한 가을 날씨 | 〜の下で ~아래에서 | 〜の限りに ~껏, ~하는 한 | 声援を送る 성원을 보내다 | ストレス(stress) 스트레스 | 脂肪 지방 | 糖分 당분 | 肥満 비만 | 〜を契機にして ~를 계기로 해서 | それぞれ 각기, 각자, 각각 | スポーツ(sports) 운동

● 독해문을 읽고 다음 빈 칸을 채우세요.

Part 10

1　どうして10月10日が「体育の日」に定められたのですか。

_____

2　体育の日には各地でどのようなことが行われますか。

_____

3　東京オリンピックは日本にとってどのような年でしたか。

_____

4　日本で始まったばかりの運動会はどのようなものでしたか。

_____

5　今の日本の運動会はどのような様子ですか。

_____

문형 연습

ⓐ~ⓑ 의 빈 칸을 채우세요.

Part 10

助詞を入れ、語を適当な形にして文を作りましょう。

01 ～らしい　~인 것 같다, ~인 듯하다

⋯▶ 運動会という行事は文明開化の時に西洋から持ち込まれたらしいです。
　　운동회라는 행사는 문명개화 무렵에 서양에서 들어온 것 같습니다.

　ⓐ どうやらその話は_____らしい。
　ⓑ 今朝の天気予報によると、今日は午後から_____
　　らしい。

02 ～につれて　~함에 따라서

⋯▶ 回を重ねるにつれて、地域ぐるみのお祭りになっていきました。
　　회를 거듭함에 따라서 지역이 함께 하는 축제로 되어 갔습니다.

　ⓐ 年をとるにつれて、_____。
　ⓑ 時が経つにつれて、_____。

03 ～かもしれない　~일지도 모른다

⋯▶ それぞれの体力や年齢に合ったスポーツを始めるのもいいかもしれませんね。　각자 체력과 나이에 맞는 운동을 시작하는 것도 좋을지도 모릅니다.

　ⓐ もしかしたら、_____かもしれません。
　ⓑ _____かもしれないが、よく覚えていないんだ。

보충 학습 ● 짧은 독해문을 읽어 보세요. Part 10

秋の収穫を祝う「神嘗祭」とハロウィン

　10月15日から25日にかけて、伊勢神宮では神嘗祭が行われます。これは、その年にとれた新しい米を最初に神さまに捧げて、秋の実りに感謝する行事です。戦前は祝日になっていました。

　同じようなお祭りに「ハロウィン」があります。このお祭りは、古代ケルト人の秋の収穫感謝祭に起源があると言われています。アメリカでは子どもたちはかぼちゃの中身をくりぬいたちょうちんを作り、夜になると怪物の格好をして近所の家を訪ね歩き、「Trick or treat?」（いたずらされたい？嫌なら接待して）と言ってお菓子をもらいます。

収穫 수확 ｜ 神嘗祭 10월 17일에 하는 궁중행사로, 새로 수확한 농산물이나 과일을 신궁에다 바친다. ｜ 捧げる 바치다, 드리다 ｜ 秋の実り 가을의 결실 ｜ ハロウィン(halloween) 할로윈 ｜ 古代ケルト人 고대 켈트인 ｜ 起源 기원 ｜ かぼちゃ 호박 ｜ くりぬく 도려내다, 도려내어 구멍을 뚫다 ｜ ちょうちん 제등, 초롱불 ｜ 怪物 괴물 ｜ 格好をする 모습을 하다 ｜ 訪ね歩く 찾아다니다 ｜ いたずらする 장난치다

神嘗祭
伊勢神宮で行われる収穫祭。

10월의 특별한 날 — 10月（神無月）の暦

❶ 衣替え（10月1日）

　衣替えの習慣は、宮中行事として始まりました。その当時は、旧暦の4月1日と10月1日に行われていました。衣替えが6月1日と10月1日に変わったのは明治以降で、学校や官公庁、銀行など、制服を着用するところでは、現在もこの日に衣替えが行われています。

❷ 体育の日（10月第2月曜日）

❸ 神嘗祭（10月15日〜25日）

❹ 原子力の日（10月26日）

関西電力
＜高浜原子力発電所＞

　1963年10月26日、東海村日本原子力研究所の動力試験炉が日本初の発電に成功したことを記念して、原子力の日が定められました。ほんとうは原子力発電などせずに済めばいいのですが、まだ太陽光発電などの次世代の発電が実用の域に達していません。それまでは原子力発電に頼るしかないのも事実です。「原子力発電所が安全だというのなら、皇居の隣に作ったらどうだ」という議論がありますが、ほんとうに皇居の中に作ってもいいくらいの安全対策を取るべきでしょう。同時に、少しでも早く次世代のエネルギー開発の研究を進める必要があるでしょう。

❺ ハロウィン［Halloween］（10月31日）

연습 문제

실력을 확인해 보세요.

1 ひらがな（下線部）のところを、漢字で書いてください。

① たいいく
(　　　)

② かいかいしき
(　　　　　)

③ うんどうかい
(　　　　　)

④ せいよう
(　　　　)

⑤ そら
(　　　)

⑥ むすこ
(　　　)

⑦ げんいん
(　　　　)

⑧ しんぱい
(　　　　)

⑨ むかし
(　　　)

2 漢字のところ（下線部）の読み方を、ひらがなで書いてください。

① 貧しい
(　　　)

② 豊かな
(　　　　)

③ 経済
(　　　　)

④ 弓術
(　　　　)

⑤ 文明開化
(　　　　　)

⑥ 脂肪
(　　　　)

⑦ 肥満
(　　　　)

⑧ 捧げる
(　　　　)

⑨ 格好
(　　　　)

3 (　) に助詞（ひらがな一字／要らないときは×）を入れてください。

① 「体育の日」は、1964年の10月10日 (　)、東京オリンピック (　) 開会式 (　) 行われた (　)(　) 記念して制定されました。

② 回 (　) 重ねる (　) つれて、地域 (　) お祭り (　) なっていった。

③ 子どもたち (　) とって、運動会 (　) 昔 (　) 今 (　) 特別な行事なのです。

④ 「体育の日」 (　) 契機 (　) して、それぞれ (　) 体力 (　) 年齢 (　) 合ったスポーツ (　) 始める (　) もいいかもしれませんね。

Part 10

4 _____部に、適当な語を選んで、文を完成させてください。

（イメージ／イベント／ストレス／スポーツ）

① そんな報道をされたら、学校の_____が悪くなる。

② 創立記念日は、会社にとって大切な_____です。

③ _____が原因で、いろいろな病気が起こる。

④ 私が一番好きな_____は、マラソンです。

5 _____部に、適当な語を選んで、文を完成させてください。

（によって／につれて／を契機にして／を込めて）

① 誠意_____謝れば、きっと許してくれるよ。

② この問題は話し合い_____解決するべきだ。

③ 物価が高くなる_____、生活が苦しくなっていった。

④ 父は入院_____、お酒もタバコもやめました。

6 （　　）の語の形を変えて文を作ってください。

① 試合が（近づく→　　　）につれて、練習は（厳しい→　　　）を（増す→　　　）いった。

② 試験は君が（思う→　　　）いるほど、（簡単だ→　　　）らしい。

③ もしかしたら（癌→　　　）かもしれないから、（検査する→　　　）（もらう→　　　）方がいいよ。

④ （重要→　　　）ことは、夢を（持つ→　　　）続けることだ。

---

4 報道する 보도하다　創立記念日 창립 기념일　マラソン(marathon) 마라톤　5 誠意 성의　謝る 사과하다　許す 용서하다, 허락하다　解決する 해결하다　物価 물가　苦しい 괴롭다, 고통스럽다, 어렵다　入院する 입원하다　6 近づく 다가오다, 접근하다　増す 많아지다, 더욱 ~해지다　もしかしたら 어쩌면　癌 암　検査する 검사하다　重要(な) 중요(한)

87

Part 11

11月の行事とくらし

11월의 행사와 생활

七五三と童謡「とおりゃんせ」

　七五三のお祝いは、三歳と五歳の男児と三歳と七歳の女児の成長を祝う儀式です。家族そろって、11月15日に地元の氏神さまや神社にお参りします。

　七五三の祝いに神社に行ってお札を納める様子を歌った歌に「とおりゃんせ」という童謡があります。この歌は「とおりゃんせ、とおりゃんせ、ここはどこの細道じゃ、天神さまの細道じゃ……」という歌詞に始まるのですが、「行きはよいよい、帰りは恐い」という恐ろしい歌詞で終わります。どうして帰りが恐いのか、諸説あるのですが、当時、「七つ前は神の子」という言葉があったように、医療が発達していませんし、疫病

や栄養不足による乳幼児の死亡率が高かった昔は、七つを迎えるまでは、その子が無事に大人になるかどうかわからないというのが現実でした。ですから、七歳まではいつ神に召されるかもしれない「神の子」と考えていたのでした。天神さまに七つのお祝いのお札を納めたけれど、神がいつ子どもを連れ去っていくかもしれない。この歌詞にはそんな親の不安や子の無事を祈る切ない思いが表れているのです。

　この七つの祝いの後は、地元の氏神さまの氏子となって、地域の共同体の一員として迎えられました。現在、義務教育が七歳から始まるのもその名残なのです。七五三というのは、子どもを社会の一員として受け入れる行事でもあったのです。

　現在では、こんなしきたりに関係なく、着物や袴を着せ、千歳飴を買ってお祝いします。この千歳飴を引っ張ると伸びるのですが、寿命が伸びるという縁起ものですから、お赤飯とともに、千歳飴を親戚や親しい人へ、内祝いとして配ることもあります。

＜千歳飴＞

 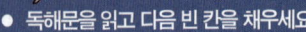

읽고 답하기
● 독해문을 읽고 다음 빈 칸을 채우세요.

Part 11

1　七五三というのは、どのような儀式のことですか。

2　「七つ前は神の子」というのは、どういうことを表していますか。

3　「とうりゃんせ」の歌詞の終わりが「行きはよいよい、帰りは恐い」となっているのはどうしてですか。

4　七五三が終わった子どもは、その社会でどのように迎えられましたか。

5　現在の七五三は、どのようになっていますか。

문형 연습

● ⓐ~ⓑ의 빈 칸을 채우세요.

Part 11

助詞を入れ、語を適当な形にして文を作りましょう。

01 ～まで(は／に) ~까지

→ 七つを迎えるまでは、無事に大人になるかどうかわからないというのが現実でした。　일곱 살을 맞이할 때까지는 무사히 어른이 될지 어떨지 모르는 현실이었습니다.

ⓐ 兄はいつも夜遅くまで、＿＿＿＿＿＿＿＿＿＿＿＿＿＿います。

ⓑ 子どもが帰ってくるまでに、＿＿＿＿＿＿＿＿＿＿＿＿＿なければなりません。

02 ～として ~로서

→ 七五三というのは、子どもを社会の一員として受け入れる行事でもあったのです。　시치고산은 아이를 사회의 일원으로서 받아들이는 행사이기도 했습니다.

ⓐ ＿＿＿＿＿として、一万円いただきます。

ⓑ 今日は＿＿＿＿としてではなく、一人の＿＿＿＿として、君に話したいことがある。

03 お～する ~(해) 드리다(겸양의 표현)

→ お参りする／お祝いする　참배 드리다./축하드리다.

ⓐ 「雨ですね。」「私の傘でよければ、＿＿＿＿＿＿＿しましょうか。」

ⓑ ちょっと＿＿＿＿＿＿＿＿しますが、近くに郵便局はございませんか。

보충학습 ● 짧은 독해문을 읽어 보세요. Part 11

勤労感謝の日

　戦前は、11月23日に「新嘗祭」が行われていました。「新嘗祭」は古くから国の大切な行事で、「瑞穂の国（日本の美称）」の祭祀を司る最高責任者である天皇が国民を代表して、神に農作物の恵みに感謝する式典でした。

　この「新嘗祭」は1948年に「勤労感謝の日」に、改名されて、国民の祝日となりましたが、改名にあたっては、本来の「新嘗祭」として祝うべきだなど、さまざまな意見がありました。しかし、今日の「労働」は農業だけでなく、工業やサービス業なども含んだ幅広い意味を持つようになっているので、現在の「勤労感謝の日」となりました。

勤労感謝の日 근로 감사의 날 | 新嘗祭 11월 23일에 천황이 햇곡식을 천지의 신에게 바치고 이것을 먹기도 하는 궁중 제사 | 瑞穂の国 상상한 벼이삭의 나라 | 美称 미칭 | 祭祀を司る 제사를 주관하다 | 最高責任者 최고 책임자 | 天皇 천황 | 農作物 농작물 | 恵み 은혜, 인정 | 式典 식전, 의식 | 改名する 개명하다 | ～にあたって ~에 즈음하여 | 本来 원래 | ～べきだ ~해야 한다, ~해야 마땅하다 | 工業 공업 | サービス業 서비스업 | 含む 포함하다 | 幅広い 폭넓다

「新嘗祭」の式典

　「新嘗祭」は五穀豊穣を祈る大切な式典で、天皇が神に感謝し、自らもその年に取れた新米を食べる儀式です。

11月(霜月)の暦

❶ 文化の日（11月3日）

　戦前は、11月3日を明治節といい、明治天皇の遺徳を偲ぶための祝日でした。しかし、戦後は廃止され、「自由と平和を愛し、文化をすすめる」という趣旨のもとに、文化の日に改定されました。
　この日には文化を称える行事として、皇居で文化勲章の授与式が行われます。また文化庁主催による芸術祭が開催されています。

❷ 太陽暦採用記念日（11月9日）

　1892年11月9日、太陰暦が廃止され、太陽暦が採用されました。この年の12月3日が明治6年1月1日と改められましたが、12月がたった2日間しかないことになり、このとき、世の中は大騒ぎになったそうです。

❸ 世界平和記念日（11月11）

　1918年11月11日、第一次世界大戦の休戦協定が成立し、不戦条約が交わされた日です。それを記念して、この日を世界平和記念日とすることが決まったのですが、永遠の平和に対する願いも空しく、1939年には、再び第二次世界大戦が起こってしまいました。

❹ 七五三（11月15日）

❺ 勤労感謝の日（11月23日）

연습 문제 ● 실력을 확인해 보세요.

1 ひらがな（下線部）のところを、漢字で書いてください。

① じんじゃ　　　② ようす　　　③ おそろしい
（　　　）　　　（　　　）　　　（　　　）

④ かみ　　　　　⑤ はったつ　　⑥ かんけい
（　　　）　　　（　　　）　　　（　　　）

⑦ きもの　　　　⑧ くばる　　　⑨ だいひょう
（　　　）　　　（　　　）　　　（　　　）

2 漢字のところ（下線部）の読み方を、ひらがなで書いてください。

① 納める　　　　② お参りする　③ 童謡
（　　　）　　　（　　　）　　　（　　　）

④ 医療　　　　　⑤ 疫病　　　　⑥ 無事
（　　　）　　　（　　　）　　　（　　　）

⑦ 名残　　　　　⑧ 天皇　　　　⑨ 本来
（　　　）　　　（　　　）　　　（　　　）

3 （　）に助詞（ひらがな一字／要らないときは×）を入れてください。

① 当時は、医療（　）発達していません（　）、疫病（　）栄養不足
（　）よる乳幼児（　）死亡率（　）高かったのです。

② 七つ（　）迎える（　）（　）は、その子（　）無事に大人（　）なる
（　）どう（　）わからない（　）いう（　）が現実でした。

③ 義務教育（　）七歳（　）（　）始まる（　）もその名残なのです。

④ 今日の「労働」は農業（　）（　）でなく、工業（　）サービス業
（　）（　）も含んだ幅広い意味（　）持つようになっている。

Part 11

4 ＿＿＿部に、適当な語を選んで、文を完成させてください。

（こわい／せつない／したしい／まずしい）

① 彼とはそんなに＿＿＿＿つきあっていないので、よく知りません。

② 私は子どものとき、注射が＿＿＿＿病院に行くのが嫌だった。

③ 彼は＿＿＿＿に負けないで、立派な青年に成長した。

④ 彼女のことを考えるだけで、胸が＿＿＿＿なる。

5 ＿＿＿部に、適当な語を選んで、文を完成させてください。

（だろう／かもしれない／はずだ／らしい）

① 予定では電車の到着は10時の＿＿＿＿が、どうしたのかなぁ。

② 日曜日だから、たぶん家にいる＿＿＿＿。

③ もしかしたら、彼の話はほんとう＿＿＿＿。

④ どうやら彼女には好きな人がいる＿＿＿＿。

6 （　）の語の形を変えて文を作ってください。

① （やる→　　　）かどうか、（やる→　　　）みなければ、（わかる→　　　）じゃありませんか。

② どうしてこんな結果に（なる→　　　）のか、きちんと（説明する→　　　）もらえませんか。

③ お（待つ→　　　）していました。どうぞ、お（上がる→　　　）ください。

④ 宿題が（終わる→　　　）まで、（遊ぶ→　　　）に（行く→　　　）はいけません。

---

4 注射 주사　負ける 지다　立派な 훌륭한, 어엿한　成長 성장　胸 가슴, 마음, 심금
5 予定 예정　到着 도착　どうやら 아무래도, 어쩐지
6 結果 결과　きちんと 정확히, 똑바로　説明する 설명하다　宿題 숙제

Part 12

12月の行事とくらし

12월의 행사와 생활

クリスマスと除夜の鐘

　12月24日～25日のクリスマスはキリストの生誕を祝う日で、キリスト教圏の人々は、教会でミサをした後、厳粛にキリストの生誕を祝います。

　クリスマスは、フランシスコ・ザビエルが日本にキリスト教を伝えてから、450年の歴史があります。日露戦争のころには、すでに日本文化の一部となっていました。しかし日本では、宗教的な意味は薄れ、パーティーを開いたりプレゼントを交換する、年末の楽しい行事になっています。街には色とりどりのクリスマス・ツリーが輝き、クリスマス・ソングがにぎやかに流れます。

　「師走」とはよく言ったもので、クリスマスが終わると、慌ただしく年の暮

<年越しそば>

れがやってきます。一年の最後の日を大晦日と言いますが、大晦日にそばを食べるのは、そばが長いことから、命や幸せが長く続くことを祈る縁起ものだからです。大晦日には、自宅でNHK紅白歌合戦を見ながら年を越す人もいますし、お寺にお参りして、そのまま除夜の鐘を聞きながら新年を迎える人もいます。山に登ったり、海辺に宿を取り、元旦に初日の出を拝む人もいます。除夜の鐘というのは、中国の宋の時代に始まった仏教行事ですが、江戸時代以降、日本でも盛んに行われるようになりました。除夜の鐘は、百八つつきますが、これは人間が持つ108の煩悩を払うという意味があると言われます。最後の一つは、年が明けてからつきますが、除夜の鐘が鳴り終わると、いよいよ新年です。

<除夜の鐘>

クリスマス(christmas) 크리스마스 | 除夜の鐘 제야의 종 | キリスト(christo)(教) 기독교, 크리스트교 | 生誕 생탄, 탄생 | 教会 교회 | ミサ(missa) 미사, 예배 | 厳粛(な) 엄숙(한) | 歴史 역사 | すでに 이미, 벌써 | 薄れる 엷어지다, 희미해지다 | 色とりどり 가지각색 | クリスマス・ツリー(christmas tree) 크리스마스트리 | 輝く 빛나다 | クリスマス・ソング(christmas song) 크리스마스 캐럴 | 師走 섣달, 음력 12월 | ～とはよく言ったもので ～는 정말 잘 표현한 말로, 맞는 말로 | 慌ただしい 분주하다, 어수선하다 | 年の暮れ 연말, 세모 | 大晦日 섣달 그믐날, 한 해의 마지막 날 | そば(蕎麦) 메밀국수 | 自宅 자택, 집 | 紅白歌合戦 홍백가합전(NHK에서 12월 31일 밤에 방송하는 오랜 역사를 자랑하는 가요 프로그램) | 海辺 해변 | 宿を取る 숙소를 잡다 | 元旦 설날 아침 | 初日の出を拝む 첫 일출을 보다 | 撞く(종을) 치다 | 煩悩を払う 번뇌를 떨치다 | 鳴り終わる 다 울리다 | いよいよ 드디어, 결국

독해문을 읽고 다음 빈 칸을 채우세요.

Part 12

1　クリスマスというのは、どのような日ですか。

2　キリスト教圏の国々では、どのようにクリスマスを祝いますか。

3　日本の今のクリスマスはどのようですか。

4　日本人は、どうして大晦日におそばを食べますか。

5　最後の除夜の鐘が鳴るのは、何月何日ですか。

문형 연습 ⓐ~ⓑ의 빈 칸을 채우세요.

Part 12

助詞を入れ、語を適当な形にして文を作りましょう。

01 〜と／〜ないと ~하면 / ~하지 않으면

→ クリスマスが終わると、慌ただしく年の暮れがやってきます。
크리스마스가 지나면 분주하게 연말이 다가옵니다.

ⓐ _____と、困ります。

ⓑ 毎年、クリスマスになると、_____。

02 〜のは〜からだ ~한 것은 ~이기 때문이다.

→ 大晦日にそばを食べるのは、命や幸せが長く続くことを祈る縁起ものだからです。 오미소카에 메밀국수를 먹는 것은 수명이며 행복이 오랫동안 지속되기를 기원하는 길조의 음식이기 때문입니다.

ⓐ 私が怒っているのは、あなたが_____からです。

ⓑ 彼が_____のは、一生懸命がんばったからです。

03 〜ながら ~하면서

→ 自宅でＮＨＫ紅白歌合戦を見ながら年を越す人もいます。
집에서 NHK 홍백가합전(紅白歌合戦)을 보면서 해를 넘기는 사람도 있습니다.

ⓐ _____ながらタバコを吸うのは、やめてください。

ⓑ _____ながら_____のは、よくないことですよ。

짧은 독해문을 읽어 보세요.

Part 12

お歳暮を贈る

お歳暮は、もともと嫁いだ者や分家した者が年の瀬に親元に戻るとき、正月のお供え物を持参したのが始まりとされています。それが、一年の締めくくりに感謝のしるしとして、お世話になった方に品物を贈りあう習慣になりました。

今ではデパートなどから送ることが多く、品物も日用雑貨、趣味の品などいろいろです。金額はお中元の2～3割増しを目安にし、先方には12月の初旬から20日ぐらいまでに届くようにします。31日を過ぎた場合は、「お年賀」として手渡すといいでしょう。

お歳暮(せいぼ) 신세진 사람에게 주는 세밑 선물 | **嫁ぐ**(とつぐ) 시집가다 | **分家**(ぶんけ) 분가 | **年の瀬**(としのせ) 세모, 세밑 | **親元**(おやもと) 부모님이 계신 곳, 부모님 슬하 | **供え物**(そなえもの) 제물, 공물 | **持参する**(じさんする) 지참하다, 가지고 가다 | **締めくくり**(しめくくり) 매듭, 결말 | **感謝のしるし**(かんしゃのしるし) 감사의 표시 | **日用雑貨**(にちようざっか) 감사의 표시 | **目安**(めやす) 기준, 목표, 표준 | **先方**(せんぽう) 상대편, 상대방 | **手渡す**(てわたす) 직접 건네다

年賀状(ねんがじょう)

年も暮れが迫ると、年賀状を書きます。年賀状を書き終えて、やっと一安心。これが日本人の年の瀬です。

 12月(しわす)(こよみ)の暦

❶ 冬至(とうじ)（12月22日ごろ）

　毎年(まいとし)12月22日ごろが冬至にあたり、一年で最(もっと)も昼(ひる)が短(みじか)く、夜(よる)が長(なが)い日です。このころからしだいに寒(さむ)さも本格的(ほんかくてき)になります。冬至にはかぼちゃを食(た)べる習慣がありますが、野菜(やさい)が不足(ふそく)しがちなこの時期(じき)に、ビタミンやカロチンを摂(と)るという合理性(ごうりせい)があり、昔(むかし)の人は「冬至までとっておいたかぼちゃを食べると魔除(まよ)けになる(かん)」と考(かんが)えていました。

❷ 天皇誕生日(てんのうたんじょうび)（12月23日）

　12月23日は「天皇の誕生日を祝(いわ)う日」として法律(ほうりつ)で定(さだ)められました。戦前(せんぜん)は天皇は現人神(あらひとがみ)として崇(あが)められており、「天長節(てんちょうせつ)」と呼(よ)ばれていました。 しかし戦後(せんご)、天皇は神ではなく「日本国民統合(にほんこくみんとうごう)の象徴(しょうちょう)」という新(あたら)しい意味(いみ)を持(も)つようになりました。そこで天皇の誕生日を純粋(じゅんすい)に誕生日として祝い、国民と天皇との距離(きょり)を縮(ちぢ)めることを目的(もくてき)として、国民の祝日(しゅくじつ)「天皇誕生日」となりました。

❸ クリスマス（12月24日夜〜25日）

❹ ご用納(ようおさ)め（12月28日）

　ご用納めというのは、官庁(かんちょう)や役所(やくしょ)などがその年の執務(しつむ)を終(お)わることで。一般的(いっぱんてき)には12月28日のことを言(い)います。その反対(はんたい)に、執務を始(はじ)めることをご用始(ようはじ)めといい、1月4日がご用始めとなります。つまり、官庁や役所は、12月29日から1月3日までが休(やす)みとなります。

❺ 大晦日(おおみそか)（12月31日）

101

연습 문제

● 실력을 확인해 보세요.

1 ひらがな（下線部）のところを、漢字で書いてください。

① <u>れきし</u>　　　② <u>ぶんか</u>　　　③ <u>せんそう</u>
（　　　）　　　　（　　　）　　　　（　　　）

④ <u>うすれる</u>　　⑤ <u>こうかんする</u>　⑥ <u>かがやく</u>
（　　　）　　　　（　　　）　　　　（　　　）

⑦ <u>じたく</u>　　　⑧ <u>しんねん</u>　　⑨ <u>にちようざっか</u>
（　　　）　　　　（　　　）　　　　（　　　）

2 漢字のところ（下線部）の読み方を、ひらがなで書いてください。

① <u>厳粛</u>　　　② <u>師走</u>　　　③ <u>慌</u>ただしい
（　　　）　　　　（　　　）　　　　（　　　）

④ <u>大晦日</u>　　⑤ <u>海辺</u>　　　⑥ <u>宿</u>を<u>取</u>る
（　　　）　　　　（　　　）　　　（　　）（　　）

⑦ <u>拝</u>む　　　⑧ <u>盛</u>ん　　　⑨ お<u>歳暮</u>
（　　　）　　　　（　　　）　　　　（　　　）

3 （　）に助詞（ひらがな一字／要らないときは×）を入れてください。

① クリスマス（　）終わる（　）、年（　）暮れ（　）やってくる。

② 大晦日（　）そば（　）食べる（　）は、そば（　）長いことから、幸せ（　）長く続くこと（　）祈る縁起ものだ（　）（　）です。

③ 大晦日（　）は、紅白歌合戦（　）見（　）（　）（　）年（　）越す人（　）いますし、山（　）登って、初日（　）出（　）拝む人（　）います。

④ 除夜の鐘（　）いう（　）は、宋（　）時代（　）始まった仏教行事です。

Part 12

4 _____部に、適当な語を選んで、文を完成させてください。

(いのる／あける／もどる／とどく)

① やっと梅雨が_____、夏がやってきた。

② 主人はまもなく_____くると思います。

③ 危ないものは、子どもの手が_____ところに置いてください。

④ あなたの成功を心から_____います。

5 _____部に、適当な語を選んで、文を完成させてください。

(すでに／いよいよ／だいたい／かならず)

① 私が会場に着いたとき、_____パーティーは始まっていた。

② 約束したことは、_____守ってくださいね。

③ 試合の日が_____近づいてきた。

④ _____いつぐらいにできあがりますか。

6 (　)の語の形を変えて文を作ってください。

① そこは電気も(通る→　　　)(いる→　　　)し、水道も(ある→　　　)不便な場所だった。

② あのとき私が(泣く→　　　)のは、あなたの親切が(うれしい→　　　)からです。

③ 門限の10時までに(帰る→　　　)と、親に(怒る→　　　)んです。

④ いつかあなたのように、日本語が(上手→　　　)(話す→　　　)ように(なる→　　　)たいです。

---

4 危ない 위험하다　成功 성공　5 会場 회장　約束する 약속하다　守る 지키다, 보호하다　近づく 접근하다, 다가오다
6 通る 통하다, 개통하다　水道 수도　不便(な) 불편(한)　親切(な) 친절(한)　門限 밤에 문을 닫는 시간　怒る 화내다, 꾸짖다
上手(な) 능숙(한), 잘하(는)

2부

くらしのマナー

생활의 매너

Part 01

お辞儀と握手
절과 악수

お辞儀と握手は、代表的な挨拶の形ですが、お辞儀は相手への敬意を表し、握手は親睦・和解を表すという違いがあります。日本での丁寧な挨拶はお辞儀が一般的でしたが、近年では握手も一般化してきています。

お辞儀は、主に東アジアで見られるものですが、飛鳥～奈良時代、中国の礼法を取り入れ、身分に応じたお辞儀の形が制定されたのが、お辞儀の始まりと言われています。首を差し出すことで、敵意がないことを表現したことに由来すると言われます。

お辞儀には「立礼」「座礼」の2種類があります。座礼は和式礼法ですから、なじみが薄いと思いますが、和風の畳の部屋に通されたとき、初対面の挨拶のときなどに必要となります。

オフィスでのお辞儀は「立礼」ですが、礼の深さで分類すると、「最敬礼」「敬礼」「会釈」の3種類があります。立礼の場合、「最敬礼」は直立の姿勢

から腰を基点に45度以上体を曲げます。「敬礼」は30〜45度、「会釈」は15度程度です。頭を下げるだけのお辞儀はいけません。腰を基点に上半身全体を前に倒します。1拍目でサッと倒し、2拍目で止めて、3〜5拍目でゆっくりと体を起こします。この動きの緩急と静止した状態のメリハリが美しさを生みます。

最敬礼：特に敬意を表したり、お詫びの気持ちを真剣に伝えたい時に使います。

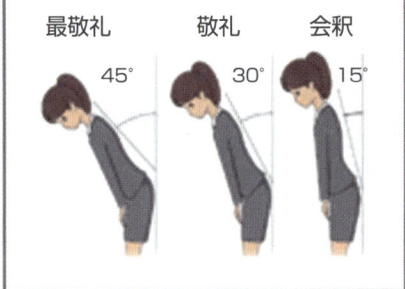

敬礼：来客を出迎えたり、見送るとき、または、上司への挨拶などに使う一般的なお辞儀です。

会釈：同僚や上司と廊下などですれ違う時や、応接室の入退室時に使うお辞儀です。

なお、手にハンドバッグとか荷物とかを持っているときですが、右のイラストのように、前に抱えるようにしてお辞儀をするといいでしょう。

西洋の挨拶は握手がメインですが、握手は一般的に右手で、立って行います。握手の由来は諸説ありますが、手に武器を持っていないことを、相手に証明することから始まったと言う説が有力です。

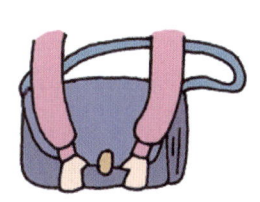

握手は背筋を伸ばし、必ず相手の顔（目）を見て行います。握手の際は、しっかりと握るようにしましょう。ゆるく握っては相手に誠意がないと感じさせてしまいます。なお、握手のときは、目上・年上の人から目下・年下の人へと手を差し出すのがマナーです。握手は手が触れあうので、そうした行為を目下から目上の人に対して強いるのは失礼だからです。女性と男性では、女性から手を差し出します。これはレディーファー

ストですね。しかし、日本では女性と男性の場合には握手をしないで、軽くお辞儀をすることが多いようです。

　もう一つ注意してほしいことがあります。日本人によくある光景ですが、お辞儀をしながら握手をするのは、卑屈に見えますから、やめましょう。また、椅子などに座りながら握手をする人がいるのですが、握手は立って行うのがマナーなので、これもいけません。これらは、社会人の心得なので覚えておきましょうね。

お辞儀 절, 인사 | 握手 악수 | 挨拶 인사 | 敬意 경의 | 親睦 친목 | 和解 화해 | 主に 주로 | 東アジア 동아시아 | 身分 신분 | ～に応じる ~에따르다 | 差し出す 내밀다, 제출하다 | 敵意 적의 | 立礼 입례 | 座礼 좌례 | 和式礼法 일본식 예법 | なじみが薄い 별로 익숙하지 않다, 친숙하지 않다 | 初対面 초대면 | オフィス(office) 사무실 | (最)敬礼 (최)경례 | 会釈 가벼운 인사 | 直立 직립 | 姿勢 자세 | 基点 기점 | 曲げる 굽히다 | 上半身 상반신 | 倒す 쓰러뜨리다, 무너뜨리다 | 緩急 완급 | メリハリ 음률의 고저, 호흡 | 生む 낳다, 만들어 내다 | お詫び 사죄 | 真剣(な) 진지(한) | 来客 찾아온 손님 | 出迎える 마중 나가다 | 見送る 배웅하다, 전송하다 | 同僚 동료 | 上司 상사 | 廊下 복도 | すれ違う 스쳐 지나다 | 応接室 응접실 | 入退室 입실과 퇴실 | なお 역시, 더구나, 더욱이 | ハンドバッグ(hand bag) 핸드백 | 抱える 안다, 떠맡다 | メイン(main) 주된, 주요한 | 諸説 여러가지 설 | 武器 무기 | 証明する 설명하다 | 有力(な) 유력(한) | 背筋を伸ばす 등을 펴다 | ～際 ~할 때 | 誠意 성의 | 触れあう 맞닿다, 접촉하다 | ～に対して ~에 대해서 | 強いる 억지로 강요하다, 강권하다 | 失礼 실례 | レディーファースト(lady first) 여성 존중 | 光景 광경 | 卑屈 비굴 | 椅子 의자 | 心得 마음가짐, 주의해야 할 사항, 소양

1. お辞儀と握手にはどのような違いがありますか。

2. 立礼というのは、どのようなお辞儀のことですが。

3. お客を玄関で迎えるときには、どの種類のお辞儀が適切ですか。

4. 握手するとき、どうして目下の人が先に手を差し出してはいけないのですか。

5. お辞儀と握手の由来には共通した点があります。それは何ですか。

Part 02

あいさつと名刺

인사와 명함

Part 02 あいさつと名刺

　みなさんは「挨拶」の語源をご存知ですか？「挨」には心を開くという意味があり、「拶」には相手に近づくという意味があります。つまり、あいさつは「心開いて、相手に近づいていく」という意味なのです。

　昔から日本人は、他人と外で出会ったり、すれ違ったりした際は、たとえ見知らぬ人でも、声をかけるのが一般的な礼儀でした。挨拶ができない者は、一人前とはみなされませんでした。今でも日本では、会社や近所関係など各コミュニティーの中で、そういった傾向が強く残っています。

　朝会ったときのあいさつ「おはよう」は、「早くから、ご苦労さまです」の略だと言われています。それは朝から働く人をねぎらう言葉でした。「こんにちは」は「今日は、ご機嫌いかがですか」の略で、お昼に初めて出会った人の体調や心境を気づかっていました。「こんばんは」は「今晩は、よい晩ですね」などの略だと言われます。また、「さようなら」は「さようならば」の略で、「それなら、私はこれで失礼いたし

ます」という意味だったそうです。

　会社では、外出する上司・先輩にはもちろん、同僚への「いってらっしゃい」、外出から帰ってきたら「お帰りなさい」、仕事が終わって帰宅する人への「お疲れさま」などのあいさつは、忘れてはならない礼儀でしょう。

　さて、ビジネスの世界のあいさつに欠かせないのが名刺です。初対面のとき、一般的には「お世話になっております、○○商事の××でございます」のように名乗りながら、名刺を渡します。名刺はその人の身分証明書であり、名刺を丁寧に扱うことで、相手に敬意を払っていることを表します。

東洋文庫
(406-0002) 東京都 三鷹市 下連雀 19-1 5-55X
TEL 0422-X2-62XX　FAX 0422-X2-60XX
E-MAIL yonkaka@zoayo.net
www.dongyangbooks.com / www.dongyangTV.com

企画チーム　課長
金田延翰

　名刺交換のときは、まず目下の人が目上の人に渡します。一方、先方への訪問の際は、「お邪魔します」という意味を込めて、訪問者が先に出します。ただし、訪問者の方が明らかに目上・格上の場合は、訪問を受けた側が先に出します。

　名刺は世界中で使われていますが、最も古いのは中国で、唐の時代の文献には木や竹製の名刺についての記述があります。「名刺」という言葉そのものが、中国の古語なのです。当時は、訪問先が不在の際に、戸口の隙間に挟んで、来訪を知らせる目的で使われたようです。日本では、江戸時代から和紙に墨で名前を書いた名刺が使われ始めました。その後、初対面の人にも自己紹介がわりに名刺を渡すようになりましたが、それは日本が最初だと言われています。日本は今でも世界で最も名刺交換をする国と言われますが、この名刺交換の習慣は、日本の文化そ

のものと言ってもいいでしょう。

ビジネスの挨拶をマスターしましょう

- おはようございます：一日をさわやかにスタートさせましょう。
- こんにちは：相手の気分に変化をつけましょう。
- ありがとうございます：感謝を伝えましょう。
- 申し訳ございません：失敗は素直に認めましょう。
- 行ってらっしゃい：気持ちよく送り出しましょう。
- お帰りなさい：暖かく迎えましょう。
- 行ってまいります：外出を知らせましょう。
- ただいま戻りました：無事に戻ったことを伝えましょう。
- 今、お手すきですか：自分から用件を切り出すときに使いましょう。
- 失礼いたします：相手の動作を中断させるときに使いましょう。
- お疲れさまでした：相手の苦労をねぎらいましょう。
- いつもお世話になっております：取引先の人へ感謝を伝えましょう。
- お先に失礼します：退社の際に忘れず言いましょう。

名刺 명함 | 語源 어원 | すれ違う 스쳐지나가다, 엇갈리다 | 見知らぬ 알지 못하는, 낯선 | 声をかける 말을 걸다 | 一人前 어른, 제몫을 하는 사람 | みなす 간주하다, 가정하다 | ビジネス(business) 비즈니스 | コミュニティー(community) 커뮤니티, 공동체, 지역사회 | 傾向 경향 | 残る 남다 | ～はもちろん ～는 물론이고 | ご苦労さま 수고했습니다 | 略 생략 | ねぎらう 위로하다, 어루만지다 | ご機嫌いかがですか 기분이 어떠십니까? | 体調 몸상태 | 心境 심경 | 欠かせない 빠트릴 수 없다 | 名乗る 자기 이름을 대다 | 身分証明書 신분증명서 | 丁寧 정중 | 扱う 다루다 | 先方 상대편 | お邪魔します 실례하겠습니다 | 敬意を払う 경의를 표하다 | 明らか(な) 분명(한), 뚜렷(한) | 格上 지위가 격식이 위인 것 | 文献 문헌 | 記述 기술 | そのもの 바로 그것, 그 자체 | 古語 고어 | 不在 부재 | 戸口 출입구 | 隙間 틈, 겨를 | 挟む 끼우다, 사이에 두다 | 来訪 내방 | 和紙 일본 종이 | 墨 먹 | 自己紹介がわり 자기소개 대신 | さわやか 상쾌, 시원 | スタート(start)する 시작하다 | 気分 기분 | 失敗 실패, 실수 | 率直 솔직, 고분고분 | 認める 인정하다 | 送り出す 배웅하다, 내보내다 | 迎える 맞이하다 | 外出 외출 | お手すき 틈이 남, 손이 빔 | 用件 용건 | 切り出す 말을 꺼내다 | 取引先 거래처 | 退社 퇴근, 퇴사

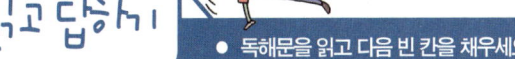

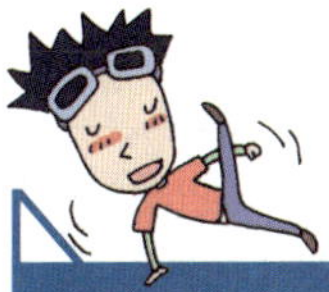

읽고 답하기

● 독해문을 읽고 다음 빈 칸을 채우세요.

1 「挨拶」というのは、本来どういう意味を持った語でしたか。

2 「おはよう」「こんにちは」「こんばんは」「おやすみ」の挨拶の中で、家族に対して使わない挨拶はどれですか。

3 「お帰りなさい」は上司に対して使ってもいい言葉ですか。

4 名刺というのは、もともとどのようなものでしたか。

5 初対面の人との名刺交換の習慣は、どうして日本の文化そのものと言えるのですか。

Part 03

上座と下座
かみざ　　しもざ

상좌와 하좌

ご存じの方も多いでしょうが、上座は目上の人（上司・客人など）が座る席、下座は目下の人（部下や家族など、もてなす側）が座る席です。ビジネスの世界ではこの席次が重んじられますから、ぜひ知っておいてくださいね。「かみざ」「しもざ」または「じょうざ」「げざ」とも呼ばれます。

一般に、和室では床の間に近い席が上座、部屋の出入り口に近い席が下座となります。床の間がない部屋では、出入り口から向かって右手奥や、庭などの見晴らしがよく、額や飾り物がある側が「上座」になります。

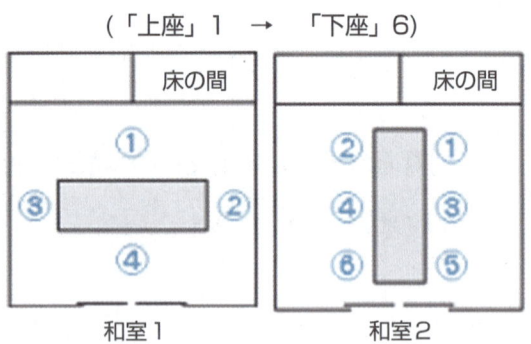

なぜ床の間の近くが上座になったのでしょうか。それは床の間の歴史をみるとわかります。床の間は書院造りの特徴で、もともと仏画をかける

神聖な場所であったため、部屋の一番奥の、出入り口から遠くて落ち着いた場所に造られました。そのため、客人や身分の高い人には、その神聖で落ち着く場所に、座ってもらうようになったのです。

会社の応接室では、部屋の入口から遠く、かつ入口が見えるところ、窓から景色などがよく見えて、部屋の装飾品や絵画・花などが観賞できる席が上座になります。そして、来客側にゆったり座っていただくために、長椅子やソファーを配置するのが礼儀です。出入り口に近い方が下座なのは、出入りが頻繁にあると、落ち着かない気分になるため、大事な人を座らせるわけにはいかないからです。

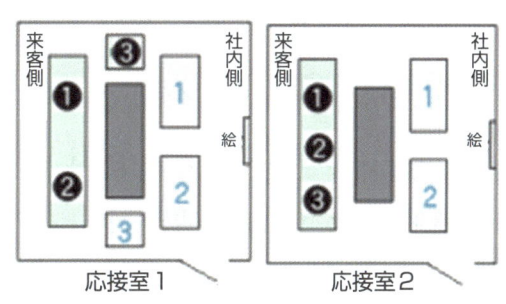

乗り物にも、上座・下座があります。運転手つきの場合は、運転手の後ろが「上座」となります。また、持ち主本人が運転する場合は助手席が「上座」となります。タクシーなどでは、目下の者が精算をして降りることを忘れないでください。

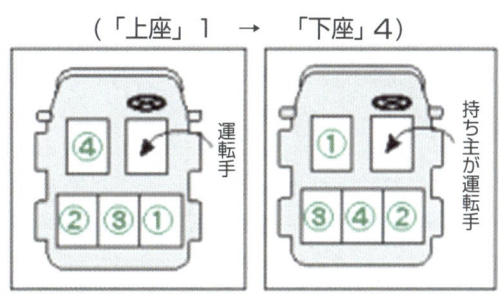

新幹線のような場合、進行方向を向いて、座る位置の窓側が上座です。通路側は下座になります。しかし、「上座」の席に破

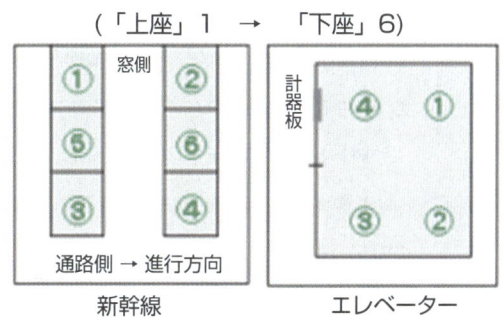

115

損や座り心地が悪いなどの不備がある場合は、そのことを伝えて、自らその席に座るようにしましょう。

　エレベーターでは、入口から向かって左奥から順番に上座で、手前の操作ボタンのある方が一番の下座です。ボタンの位置が左右どちらであっても、奥の位置はかわりません。

　以上が原則なのですが、上座であっても冷暖房の風が直接当たる、また直射日光が当たる、逆光で目上の人が心地よく過ごせないなどの場合があります。そんなときには、その時々の状況に合わせて席を勧めるのが、ほんとうに相手を気づかったおもてなしと言えるでしょう。

上座(かみざ) 상좌, 상석 | 下座(しもざ) 하좌, 하석 | ご存(ぞん)じ 알고 계심 | 客人(きゃくじん) 객인, 객 | もてなす 대접하다 | 席次(せきじ) 석차, 자리 순서 | 重(おも)んじる 중요시하다, 존중하다 | 床(とこ)の間(ま) 일본식 방의 상좌에 바닥을 한층 높게 만든 곳 | 見晴(みは)らし 전망 | 額(がく) 액자 | 書院造(しょいんづく)り 무로마치 시대에 생겨나서 모모야마 시대에 발달한 주택 건축 양식 | 特徴(とくちょう) 특징 | 仏画(ぶつが) 불화 | 神聖(しんせい)(な) 신성(한) | 落(お)ち着(つ)く 자리 잡다, 안정하다, 침착하다 | 応接室(おうせつしつ) 응접실 | かつ 동시에, 또한 | 景色(けしき) 경치 | 装飾品(そうしょくひん) 장식품 | 絵画(かいが) 회화 | 鑑賞(かんしょう) 감상 | ゆったり 느긋하게, 마음 편히 | ソファー(sofa) 소파 | 配置(はいち)する 배치하다 | 頻繁(ひんぱん) 빈번 | ～わけにはいかない ~할 수는 없다 | 助手席(じょしゅせき) 조수석 | 持(も)ち主(ぬし) 소유자 | タクシー(taxi) 택시 | 精算(せいさん) 정산 | 新幹線(しんかんせん) 신칸센 | 進行方向(しんこうほうこう) 진행 방향 | 窓側(まどがわ) 창 쪽 | 通路側(つうろがわ) 통로 쪽 | 破損(はそん) 파손 | 座(すわ)り心地(ごこち) 앉았을 때의 느낌 | 不備(ふび) 제대로 갖추어져 있지 않음, 불비 | 手前(てまえ) 앞, 가까운 쪽 | 操作(そうさ)ボタン 조작 버튼 | 原則(げんそく) 원칙 | 冷暖房(れいだんぼう) 냉난방 | 直射日光(ちょくしゃにっこう) 직사광선 | 逆光(ぎゃっこう) 역광 | 心地(ここち)よい 기분이 좋다, 상쾌하다 | 状況(じょうきょう) 상황 | 勧(すす)める 권하다 | 気(き)づかう 마음을 쓰다, 염려하다

읽고 답하기 • 독해문을 읽고 다음 빈 칸을 채우세요.   Part 03

1　自分の会社の社長と取引先の社長が食事をするとき、どちらが上座になりますか。それはどうしてですか。

2　「床の間」というのは、もともとどのような場所でしたか。

3　会社の応接室では、どうして出入り口から遠いところが上座になるのですか。

4　あなたが自分の車でお客を駅まで送るとき、お客にはどこに乗ってもらいますか。

5　あなたが上司やお客と一緒とエレベーターに乗るとき、あなたはどの位置に立ちますか。

Part 04

手^てみやげと餞別^{せんべつ}

데미야게(手みやげ)와 셈베쓰(餞別)

日本では知人やオフィスを訪ねるとき、菓子折などを持っていく習慣があります。これを手みやげと言います。

手みやげには、縁談や就職の世話をお願いするなど、改まった訪問のときに持っていくものと、親交を深めるために友人と会うときに持っていくものとがあります。改まった訪問のときの手みやげには、やはり改まった品がいいでしょう。行く途中で買うのではなく、事前に心を込めて選んだ品を用意しておきましょう。お菓子なら、老舗や名店の品格の感じられるものがいいでしょう。

お祝い事なら、お酒やお祝いの品が適しています。のし紙には「ご銘菓」あるいは「粗品」と表書きし、下には姓だけでなく名前も書くのが正式です。手みやげをいつ手渡すかですが、先方であいさつをした後、「ごあいさつの

つまらない物ですが、…

お口に合いますかどうか、…

しるしに」とか「つまらないものですが」とか言って風呂敷や袋から取り出し、品物の正面を相手に向けて、両手で差し出すのが和式マナーです。受け取る方は、ありがたくいただき、一旦、座敷の高いところに納め、次にその場を離れるときに持って出ます。なお、風呂敷や空袋は自分で持ち帰ります。

　以上が正式の手みやげ授受の作法なのですが、親交が目的の場合の手みやげは、形式ばったり、気取ったりする必要はありません。手づくりのケーキやジャム、庭に咲いた花なども喜ばれるでしょう。受け取るほうも体裁ではなく、率直な気持ちを表すことが大切です。手みやげを出されたら「開けてもいいですか」と断って、その場で包みを開き、すぐに「うれしい」とか「素敵」と感想を伝えます。品物が花なら、すぐ花瓶に活けて部屋に飾りますし、食品なら器に盛って、「いっしょにいただきましょう。」と勧めます。その場で開けて喜びを表すのは、日本の古い作法ではよくないとされていましたが、欧米社会ではこれがマナーですし、親しい間柄には欧米風のほうが自然ではないでしょうか。

　餞別には、転居・転職する方へ、「これからもよろしく」「お元気で」と心を込めて贈る場合と、旅行に出る方へ贈る場合とがあります。転居先や旅先で役立つような物品や金銭を贈るのですが、欧米では餞別に金銭を贈ることはないようです。

　転居・転職の場合は、親しくしていた近所の方や職場仲間に、お別れの二～三週間前から当日までに贈るといいでしょう。体裁は、紅白五本の結びきりの水引がついた、のし紙かのし袋に「餞別」「はなむけ」などと書きます。ただし、目上の人には「餞別」と

＜結びきりの水引＞

書くと失礼にあたるので、その場合は「御礼」と書きます。餞別へのお返しは必要ありませんが、新しい土地や職場に無事移ったという報告を添えて、必ず礼状を出しましょう。

　旅行する人への餞別については、特別の目的や立場での旅行に限って餞別を贈るというのが一般的です。例えば重要な意味のある会議や会合に出席する場合、何かの代表として催しなどに参加する場合、長期間海外に滞在するような場合があります。旅の準備を始めるころから出発の一両日前までに贈るようにします。体裁は紅白の花結びの水引きを使います。

＜花結びの水引＞

　最後に参考までにお話ししますが、日本からのお土産で外国の方に喜ばれる贈り物は、浮世絵入りの風呂敷や手ぬぐい、扇子・団扇などだそうです。

手みやげ (방문할 때) 들고 가는 간단한 선물 ｜ 訪ねる 방문하다, 묻다 ｜ 菓子折 과자 상자 ｜ 縁談 혼담 ｜ 就職 취직 ｜ 世話 도와 줌, 소개, 신세 ｜ 改まる 격식을 차리다, 정색을 하다 ｜ 親交を深める 친분을 두텁게 하다 ｜ やはり 역시 ｜ 老舗 대대로 내려온 유명한 가게 ｜ 名店 유명한 점포 ｜ 品格 품격 ｜ のし紙 선물을 싸는 종이 ｜ ご銘菓 명과, 특별한 이름을 붙인 이름난 과자 ｜ 粗品 변변치 못한 물건 ｜ 表書きする 겉봉에 주소나 이름을 쓰다 ｜ ごあいさつのしるし 인사의 표시 ｜ 風呂敷 보자기 ｜ 空袋 빈 봉투 ｜ 座敷 다다미방, 손님방 ｜ 納める 바치다, 거두다 ｜ 授受 수수, 주고받음 ｜ 作法 예절 ｜ 形式ばる 형식만 차리다 ｜ 気取る 점잔빼다, 젠체하다 ｜ 手づくり 직접 만든 것 ｜ ジャム(jam) 잼 ｜ 体裁 형식, 체면, 빈말 ｜ 率直 솔직(한) ｜ 断る 미리 말하다, 미리 양해를 구하다 ｜ 包み 싼 물건, 포장한 것 ｜ 素敵(な) 멋진, 훌륭(한) ｜ 感想 감상 ｜ 花瓶に活ける 꽃병에 꽂다 ｜ 食品 식품 ｜ 器に盛る 그릇에 담다 ｜ 勧める 권하다, 권유하다 ｜ 欧米社会 서양 사회 ｜ 間柄 사람과 사람 사이, 관계 ｜ 転居 전거, 이사 ｜ 転職 전직 ｜ 物品 물품 ｜ 金銭 금전 ｜ 結びきり 결혼이나 퇴원 등 반복되어서는 안 될 일일 경우에 짓는 매듭 ｜ 水引 가는 지노 여러 개를 합쳐서 풀을 먹여 굳히고 중아에서 색을 갈라 염색한 끈 ｜ のし袋 축의금 등을 보낼 때 돈을 넣는 색줄 친 종이봉투 ｜ はなむけ 길 떠나는 사람에게 주는 금품이나 시가(詩歌) 등 ｜ 御礼 감사 ｜ お返し 답례, 회신 ｜ 催し 모임 ｜ 滞在する 체재하다 ｜ 一両日 하루 이틀 ｜ 花結び 꽃이나 나비 모양으로 맨 장식 ｜ 浮世絵 에도시대에 성행한 유녀나 연극을 다른 풍속화 ｜ 手ぬぐい 수건 ｜ 扇子 쥘부채 ｜ 団扇 부채

읽고 답하기

● 독해문을 읽고 다음 빈 칸을 채우세요.

Part 04

1　「粗品」と書いて贈るのは、どのような手みやげですか。

2　手みやげをすぐ開けてもいいのはどのような場合ですか。

3　手みやげを受け取るとき、日本と欧米ではどのような違いがありますか。

4　餞別を贈るとき、日本と欧米ではどのような違いがありますか。

5　留学する親戚の子どもに餞別を贈るときに使う水引は、結び切りのものですが、花結びのものですか。

Part 05

面接の知識とマナー

면접 지식과 매너

　面接は、よく「段取り８分！残りの２分は機転と人柄」と言われます。面接に成功する人というのは、日ごろから自分の能力や長所・短所、経験などをきちっと整理して、面接の中で「自分自身を正確に説明できる」人でしょう。

　まず、面接へ行く前に、持っていくものや身だしなみのチェックをしておいた方がいいですよ。第一印象はとても大事です。

　さて、面接は、求人側が応募者本人と直接会い、応募書類の記入事項の確認と書類だけではつかめない人間性を探るための機会です。社風に合うかどうか、協調性はあるか、仕事への熱意はどうか、人間的な魅力や生き方に信念があるか、などがチェックポイントですが、これから面接の実際の流れにそって、面接のマナーをチェックしてみましょう。

　　［以下、イラスト等、埼玉県「彩の国仕事発見システム」に基づく。］

1. 部屋に入る
　　面接室のドアをノック（ゆっくり２回）する。
　　（「お入りください」の声がかかってから入室）
　　⇒ 入室
　　まず、面接官に軽く一礼【会釈15度】
　　「失礼いたします。」

30°

⇒ 面接官の前まで進む。

⇒ 椅子の左側に立つ。

- 背筋を伸ばす。踵をつけ、爪先は少し開いて直立不動。
- 手はまっ直ぐ伸ばして、ズボンの折り目に添える(男性)。
- 手は前で重ねる(女性)。
- 笑顔で、明るく、視線は面接官に。

「〇〇〇〇(姓名)と申します。よろしくお願いいたます」

【敬礼：30度のお辞儀】

2. 椅子に座る

面接官：「〇〇さんですね。どうぞお座りください。」

求職者(立ったまま)：「はい、ありがとうございます。失礼いたします。」

⇒ 座る。

- 背中は軽く椅子の背に・背筋を伸ばす。
- 手は軽く握って膝の上に置く(男性)。
- 手は重ねて膝の上に置く(女性)。

面接官：「私は人事の△△です。こちらは▽▽です。」
　　　　「〇〇さん、貴方の(自己紹介/自己ＰＲ…)をしてください。」

求職者：【軽くうなずき、面接官の目を見ながら「はい」と返事】
　　　　「はい、私は………………………………………」
　　　　(応募書類にまとめてある内容を落ち着いて話す)

3. 本論に入る

　志望動機、退職理由、性格（長所・短所）、前職の仕事内容、職務経験、その他さまざまな角度から硬軟織り交ぜた質問がされます。

　答え方として、注意するのは以下の点でしょう。

- 求職者は自信ある態度で、ハキハキと答える。
- まず結論を述べる。聞かれたら理由を具体的に説明。
- 質問の意味がわからない時、わからないまま曖昧な答えはしない。
  「申しわけありません。もう一度おっしゃっていただけますか。」
  「……というのは、……ということでしょうか？」(確認)
- 以前勤めていた会社を非難することは絶対にしない。
- 退職理由をきちんと整理し、前向きな理由にしておく。

- 軽くうなずきながら質問を聴く。はいと返事をして答える。
- 笑顔で相手の目を見て話す。ジェスチャーを交えてもよい。

4. 終了から退室まで

面接官：「それでは、最後に何か質問はありますか。」
求職者：「はい、………………について、お聞かせください。」
面接官：「はい、それではこれで結構です。結果は〇〇日後に、△△の方法でご連絡いたします。」
求職者：(椅子の左側に立つ)「本日はありがとうございました。是非よろしくお願いいたします。」
【心をこめて最敬礼（45度のお辞儀）】
⇒ 退室ドアのところで、面接官に一礼【会釈15度】
面接の流れとマナーについて確認できましたか。

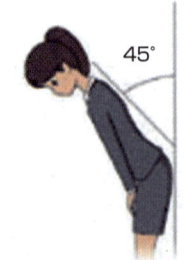

45°

よくある質問事項

- 志望動機はなんですか？
- なぜ、当社に応募したのですか？
- あなたは、当社で何をやりたいのですか？
- あなたは、当社で何ができますか？
- あなたの長所・短所はなんですか？
- あなたの趣味および特技はなんですか？
- 今までの職歴を説明してください。
- 前の会社を退職した理由はなんですか？
- これだけは人に負けないと思うものはなんですか？
- 今までで、一番大きな失敗はなんですか？
- この会社の他に、どのような会社を受けていますか？

面接(めんせつ)	면접
段取り(だんどり)	일을 진행시키는 순서, 절차
～分(ぶ)	십분의 일
機転(きてん)	기지, 재치
人柄(ひとがら)	인품, 사람됨
長所(ちょうしょ)	장점
短所(たんしょ)	단점
経験(けいけん)	경험
自分自身(じぶんじしん)	자기자신
身だしなみ(み)	차림새, 단정한 몸가짐
チェック(check)	체크, 점검
第一印象(だいいちいんしょう)	첫인상
求人側(きゅうじんがわ)	구인 측
応募者(おうぼしゃ)	응모자
人間性を探る(にんげんせいをさぐる)	인간성을 살피다
社風(しゃふう)	사풍
協調性(きょうちょうせい)	협조성
熱意(ねつい)	열의
魅力(みりょく)	매력
信念(しんねん)	신념
踵をつける(きびすをつける)	뒤꿈치를 붙이다
爪先(つまさき)	발끝, 발가락 끝
直立不動(ちょくりつふどう)	똑바로 서서 움직이지 않다
折り目(おりめ)	접은 금
経歴(けいれき)	경력
ＰＲ	널리 알리는 일, 선전
うなずく	고개를 끄덕이다
志望動機(しぼうどうき)	지망 동기
退職理由(たいしょくりゆう)	퇴직 이유
硬軟(こうなん)	경연, 발전적
織り交ぜる(おまぜる)	딱딱하고 부드러운 것이 뒤섞이다
ハキハキと	시원시원, 또랑또랑
曖昧(あいまい)	애매
非難する(ひなんする)	비난하다
前向き(まえむき)	적극적, 발전적
ジェスチャー(gesture)を交える(まじえる)	제스처를 섞다, 몸짓을 섞다
趣味(しゅみ)	취미
特技(とくぎ)	특기
職歴(しょくれき)	직력

● 독해문을 읽고 다음 빈 칸을 채우세요.

Part 05

1 「段取り八分」とありますが、具体的には何を指していますか。

　　_____

2 企業はどのような目的で面接試験を行うのですか。

　　_____

3 入退室の時に必ずしなければならないことは何ですか。

　　_____

4 面接試験で最初に聞かれるのはどんなことですか。

　　_____

5 「よくある質問事項」の中で、その人の能力が一番よくわかるのはどの質問ですか。

　　_____

부록 01

会社での言葉づかい

회사에서 쓰는 말

1. 社内でのあいさつ

- 外出する人へ

  「いってらっしゃい」

  「お気をつけて」

- 外出から戻った人へ

  「お帰りなさい」

  「お疲れさまです」

注: 目上の人に「ご苦労さま」とは言わないように。「ご苦労さま」は目上の人が使うことばです。

2. 時候のあいさつ

- 天候

  「いいお天気ですね」

  「はっきりしないお天気ですね」）

  「あいにくのお天気ですね」

- 春

  「ずいぶんと暖かくなりましたね」

  「すっかり春めいてきましたね」

해석

1 사내 인사

- 외출하는 사람에게

  다녀오세요.

  조심하세요.

- 외출에서 돌아온 사람에게

  잘 다녀오셨어요?

  힘드시죠?

(주 : 윗사람에게 '수고하셨습니다'는 사용하지 말도록. '수고하셨습니다'는 윗사람이 하는 말입니다.)

2 계절 인사

- 날씨

  날씨가 좋군요.

  날씨가 분명하지가 않네요.

  하필 날씨가 안 좋네요.

- 봄

  많이 따뜻해졌네요.

  봄기운이 완연하네요.

  완전히 봄기운이 나는데요.

- 夏

  「毎日熱くて大変ですね」

  「今年の夏は、格別に熱いですね」

- 秋

  「ずいぶん過ごしやすくなりましたね」

  「陽が短くなりましたね」

- 冬

  「めっきり寒くなりましたね」

  「暮れも押し迫ってきましたね」

注：こうしたあいさつ言葉を覚えておくと、会話の取っかかりになります。

3. 謝り

- 謝る

  「申しわけございません」

  「誠に失礼いたしました」

- 努力したが、できなかったとき

  「お役に立てず、申しわけございません」

注：相手が期待するような結果を出せなかったときは、あれこれ言い訳をしないで、先ず謝りましょう。事情を述べるにしても、その後にしましょう。

- 反省を表す

  「二度とこのようなことのないよう、注意いたします」

- 遅刻を詫びる

  「大変お待たせして、申しわけございません」

  「出がけに急用が入ってしまいまして、…」

注：遅刻した理由がある場合は、具体的に説明しましょう。

- 約束を変更するとき

  「誠に勝手なお願いで、申しわけないのですが、…」

- 여름

  더위 때문에 힘드시죠?

  올 여름은 유난히 덥네요.

- 가을

  꽤 선선해졌어요.

  해가 짧아졌네요.

- 겨울

  제법 추워졌는데요.

  연말이 다가오고 있군요.

(주 : 이런 인사말을 외워두면, 회화를 주도할 수가 있습니다.)

3 사과

- 사과한다

  죄송합니다.

  정말 실례했습니다.

- 노력했지만 성공하지 못했을 때

  도움이 못 되서 죄송합니다.

(주 : 상대가 기대하는 결과를 내지 못했을 때는 이런저런 변명을 하지 말고 우선 사과부터 합니다. 사정 설명은 하더라도 나중에 합니다.)

- 반성하는 마음을 나타낸다

  다시는 이런 일이 없도록 주의하겠습니다.

- 지각을 사과한다

  오래 기다리게 해서 죄송합니다.

  나오려는 참에 급한 일이 생기는 바람에……

(주 : 지각한 이유가 있을 경우는 구체적으로 설명합니다.)

- 약속을 변경할 때

  멋대로 부탁을 드려서 죄송합니다만……

「大変申しわけありませんが、後日、お約束できませんか」

注：相手を気づかいながら提案します。変更の理由は率直に伝えましょう。

- 約束を破棄するとき

「この件は、白紙に戻させていただけないでしょうか」

「申しわけありませんが、この話はなかったことにしていただけないでしょうか」

注：自分の都合で一度契約したり、約束したことを破棄する場合は、自分に責任があることを明確にして、心から詫びて謝りましょう。

4. お礼を言う

- 物をもらったとき

「先ほどは（／先日は）けっこうな物をいただきまして」

「ちょうだいいたします」

注：「ちょうだいいたします」は名刺を受け取るときにも使います。

- お世話になったとき

「お世話になりました」

「恐れ入ります」）

「ご協力いただきまして、ありがとうございました」

5. 誘う

- 誘う

「いろいろお忙しいでしょうが、ぜひ…」

「みなさま、お誘い合わせの上、ぜひ…」

- 挨拶かわり

「お帰りの節にでも、ぜひお立ち寄りください」

「近くにおこしの際は、ぜひお立ち寄りください」

대단히 죄송하지만 약속을 다음 날로 미룰 수 없겠습니까?

(주 : 상대방을 배려하면서 제안합니다. 또한 변경하는 이유는 솔직하게 말합니다.)

- 약속을 파기할 때

이 건을 백지화 해 주시겠습니까?

죄송하지만 이 이야기는 없었던 걸로 해 주시겠습니까?

(주 : 자기의 사정으로 일단 계약하거나 약속한 일을 파기할 경우는 자기에게 책임이 있음을 분명히 하고 진심으로 사과합니다.)

4 감사

- 뭔가를 받았을 때

아까는 / 일전에는 훌륭한 물건을 주셔서 감사합니다.

감사히 받겠습니다.

(주 : '감사히 받겠습니다'는 명함을 받을 때 사용합니다.)

- 신세를 졌을 때

신세 많았습니다.

송구스럽습니다.

협력해 주셔서 감사합니다.

5 권유

- 권하다

여러 가지로 바쁘시겠지만 그래도 꼭……

여러분, 서로 상의하셔서 꼭……

- 인사 대신에

돌아가실 때라도 꼭 들려주세요.

근처에 오실 때는 꼭 들려주세요.

6. 依頼

- 依頼する

「〜していただきたいのですが、お願いできますか」

「〜していただけませんでしょうか」

注：日本では、たとえ上司が部下に頼む場合でも、命令口調は避けます。

- 前置きの言葉

「突然のお願いで恐縮ですが…」

「折り入って、ご相談したいことがあるのですが…」

「お手数をおかけして、申しわけありませんが…」

注：人にものを依頼する時は、前置きの言葉を添えましょう。

7. 依頼を受ける

- 引き受ける

「承りました」

「承知しました」

「かしこまりました」

- 申し出る

「私にできることでしたら、なんなりとお申しつけください」

「どうぞ遠慮なくおっしゃってください」

8. 相手の呼び方

- 取引先の呼び方

「御社」　「貴社」

「○○社さま／○○商事さま」

注：「御社」「貴社」でもかまいませんが、できるだけ「○○社さま」のように、正式名称で呼ぶようにしましょう。

---

6 의뢰

- 의뢰하다

~해 주셨으면 하는데 부탁드려도 되겠습니까?

~해 주실 수 있겠습니까?

(주 : 일본에서는 상사가 부하에게 부탁할 경우에도 명령하는 말투는 피합니다.)

- 서두의 말

갑자기 부탁드려서 죄송합니다만……

긴히 의논드릴 일이 있습니다만……

수고를 끼쳐서 죄송합니다만……

(주 : 남에게 뭔가 의뢰할 때는 서두의 말을 곁들입니다.)

7 의뢰를 수락하다

- 받아들임

승낙하겠습니다.

받아들이겠습니다.

알겠습니다.

- 자청

제가 할 수 있는 일이라면 뭐든 말씀해 주세요.

기탄없이 말씀해 주세요.

8 상대를 부르는 법

- 거래처를 부르는 법

귀사

○○사 님 / ○○상사 님

(주 : '귀사'도 괜찮지만 되도록 '○○사 님'처럼 정식 명칭으로 부르는 것이 좋습니다.)

- 自分の会社の呼び方
  「弊社」　　「小社」　　「当社」
- 同僚の呼び方
  「〇〇さん」　「〇〇くん」
- 上司の呼び方
  「〇〇課長」
  「〇〇部長」

注：上司には、姓に役職名をつけて呼びましょう。

9. 話の切り出し方

- 尋ねる
  「恐れ入りますが、どちらさまですか」
  「つかぬことをお伺いしますが」
  「立ち入ったことを伺うようですが、…」
  「この点（件）は、どうなさいますか」

注：お客さまがお見えになったとき、いきなり「どなたですか」と聞くのでなく、「恐れ入りますが」と一言添えた方がいい印象になります。

- 個人的な話を切り出す
  「私事で恐縮ですが、…」
  「個人的な話ですけれども、実は…」

注：個人的な話を切り出す場合、こうした前置きの言葉を加えましょう。

10. 会社訪問と来客との応対

- 訪問したとき
  【約束があるとき】
  「お忙しいところを恐れ入ります」

- 자기 회사를 부르는 법
  폐사, 당사
- 동료를 부르는 법
  ○○ 씨　○○ 군
- 상사를 부르는 법
  ○○ 과장님
  ○○ 부장님

(주 : 상사에게는 성에 직명을 붙여서 부릅니다.)

9 말을 꺼내는 법

- 질문
  죄송하지만 누구신지요?
  갑자기 말씀드려 미안합니다만……
  개인적인 일을 묻는 것 같지만……
  이 점(건)은 어떻게 하시겠습니까?

(주 : 손님이 왔을 때 대뜸 '누구십니까?'라고 묻지 말고 '죄송하지만'이라고 한마디 덧붙이면 좋은 인상을 줍니다.)

- 개인적인 이야기를 꺼낼 때
  사적인 이야기라 죄송합니다만……
  개인적인 이야기인데 실은……

(주 : 개인적인 이야기를 꺼낼 경우 이렇게 서두의 말을 덧붙입니다.)

10 회사 방문과 손님 응대

- 방문했을 때
  [약속했을 때]
  바쁘신 중에 죄송합니다.
  ○○사의 ○○라고 합니다.

「○○社の○○と申します」

「○○部の○○さまと、○時にお約束をしているのですが、…」

注：受付で、会社名・氏名、約束している相手の名をはっきりと告げ、呼び出してもらいます。

【約束がないとき】

「お約束はないのですが、営業部の○○様がおいででしたら、お目にかかりたいのですが、…」

注：基本的に約束なしで突然会いに行くのは、礼儀に反します。もし緊急を要することで会いに行く場合でも、丁寧に挨拶し、事情を話します。くれぐれも相手の都合を優先する姿勢を忘れないようにしましょう。

- 来客への対応

「いらっしゃいませ」

「遠いところを、よくお越しくださいました」

「わざわざお越しいただき、申し訳ございませんでした」

- 訪問先から帰るとき

「本日はお忙しいところ、お時間をちょうだいして、申し訳ございませんでした」

「遅くまで、ありがとうございました」

注：帰る際は、時間を割いてもらったことへのお礼を忘れないようにしましょう。

- 来客が帰るときの対応

「また、ぜひお立ち寄りください」

「お気をつけてお帰りください」

「本日はありがとうございました。○○社長（／さま／先生）にも、よろしくお伝えください」

注：来訪者が気持ちよく帰れるような挨拶を心がけましょう。

○○부의 ○○ 님과 ○시에 약속을 했습니다만……

(주 : 접수처에서 자신의 회사명, 이름, 약속한 상대의 이름을 분명하게 말하고 그 사람을 불러달라고 합니다.)

[약속하지 않았을 때]

약속은 하지 않았지만 영업부의 ○○ 님이 계시면 만나뵙고 싶은데요……

(주 : 기본적으로 약속도 하지 않고 만나러 가는 것은 예의에 어긋납니다. 만약 긴급한 일로 연락 없이 갔을 때는 정중하게 인사하고 사정을 이야기합니다. 아무쪼록 상대방의 사정을 우선해서 생각하는 자세를 잊지 마세요.)

- 손님 대응

어서오세요.

먼 곳까지 와 주셔서 감사합니다.

일부러 오시게 해서 죄송합니다.

- 방문을 마치고 돌아갈 때

오늘은 바쁘신데 시간을 빼앗아서 죄송합니다.

늦게까지 감사합니다.

(주 : 돌아갈 때는 시간을 내 준 것에 대한 감사의 말을 잊지 마세요.)

- 손님이 돌아갈 때의 대응

또 오세요.

조심해서 돌아가세요.

오늘은 감사했습니다. ○○ 사장님(/님/ 선생님)께도 안부 전해주세요.

(주 : 찾아온 사람이 기분 좋게 돌아갈 수 있는 인사말을 합니다.)

부록 02

二十四節気と季節の花
24절기와 계절 꽃

春(はる)

立春（りっしゅん）
- 2月4日ごろ
- 春の始まり。この日から立春の前日までが春。

雨水（うすい）
- 2月19日ごろ
- 雪の降ることがなくなり、これから雨が降るようになるという意味。

啓蟄（けいちつ）
- 3月5日ごろ
- 冬眠をしていた虫が、穴から出てくるころという意味。

春分（しゅんぶん）
- 3月21日ごろ

2月の花 水仙(すいせん)
수선화

3月の花 桃(もも)
복숭아 꽃

봄

입춘(立春)
- 2월 4일경
- 봄의 시작. 이날부터 입하 전날까지가 봄.

우수(雨水)
- 2월 19일경
- 이제 눈은 내리지 않고 앞으로 비가 내리게 된다는 의미.

경칩(啓蟄)
- 3월 5일경
- 동면했던 벌레가 구멍에서 나올 무렵 이라는 의미.

춘분(春分)
- 3월 21일경

- 昼夜の長さがほぼ同じになる。この日を境に昼の方が長くなり、本格的な春が始まる。

清明（せいめい）

- 4月5日ごろ
- 清浄明潔の略。気持ちのよい季節という意味。

穀雨（こくう）

4月の花　桜

- 4月20日ごろ
- 春雨が降って百穀を潤し、芽を出させるという意味。

夏

立夏（りっか）

- 5月5日ごろ
- 夏の始まり。この日から立秋の前日までが夏。

小満（しょうまん）

5月の花　菖蒲

- 5月21日ごろ
- 陽気がよくなり、草木などの生き物が次第に生長して生い茂るという意味。

芒種（ぼうしゅ）

- 6月6日ごろ
- 芒（のぎ）のある穀物の種をまくころという意味。芒というのは、稲などにあるトゲのような突起のこと。

6月の花　梔子

夏至 (げし)
- 6月21日ごろ
- 一年中で一番昼が長い。

小暑 (しょうしょ)
- 7月7日ごろ
- 梅雨明けが近く、本格的な暑さが始まるころ。

大暑 (たいしょ)
- 7月23日ごろ
- 最も暑いころという意味。

7月の花　紫陽花
자양화

秋 (あき)

立秋 (りっしゅう)
- 8月8日ごろ
- 秋の始まり。この日から立冬の前日までが秋。立秋以降の暑さを「残暑」という。

処暑 (しょしょ)
- 8月23日ごろ
- 暑さが収まるころという意味。

8月の花　芙蓉
부용

白露 (はくろ)
- 9月8日ごろ
- 野の草に露が宿って白く見え、秋の趣がますます深まるころ。

9月の花　竜胆
용담

하지(夏至)
- 6월 21일경
- 1년 중에서 낮이 가장 길다.

소서(小暑)
- 7월 7일경
- 장마가 끝날 때가 가까워지고 본격적으로 더위가 시작될 무렵.

대서(大暑)
- 7월 23일경
- 가장 더울 무렵이라는 의미.

가을

입추(立秋)
- 8월 8일경
- 가을의 시작. 이날부터 입동 전날까지가 가을. 입추 이후의 더위를 '잔서'라고 한다.

처서(処暑)
- 8월 23일경
- 더위가 진정될 무렵이라는 의미.

백로(白露)
- 9월 8일경
- 들판의 풀에 이슬이 맺혀서 하얗게 보이고 가을의 정취가 깊어갈 무렵.

秋分（しゅうぶん）
- 9月23日ごろ
- 昼夜の長さがほぼ同じになる。この日を境にじょじょに昼の方が短くなる。

寒露（かんろ）
- 10月8日ごろ
- 冷たい露の結ぶころ。

霜降（そうこう）
- 10月24日ごろ
- 霜が降りるころ。

10月の花　紅葉
단풍

추분(秋分)
- 9월 23일경
- 낮과 밤의 길이가 거의 같아진다. 이 날을 경계로 점차 낮의 길이가 짧아진다.

한로(寒露)
- 10월 8일경
- 찬 이슬이 맺힐 무렵.

상강(霜降)
- 10월 24일경
- 서리가 내릴 무렵

冬

立冬（りっとう）
- 11月7日ごろ
- 冬の始まり。この日から立春の前日までが冬。

小雪（しょうせつ）
- 11月22日ごろ
- 冷え込みが厳しくなり、小雪がちらつくころ。

大雪（たいせつ）
- 12月7日ごろ
- 雪が大いに降り積もるころ。

11月の花　石榴
석류

12月の花　梅
매화

겨울

입동(立冬)
- 11월 7일경.
- 겨울의 시작. 이날부터 입춘 전날까지가 겨울.

소설(小雪)
- 11월 22일경
- 추위가 심해지고 눈발이 조금씩 날릴 무렵.

대설(大雪)
- 12월 7일경
- 눈이 많이 내려 쌓일 무렵.

冬至（とうじ）

- 12月21日ごろ
- 一年中で一番昼が短い。寒さはこれからが厳しくなるが、日脚は徐々に伸びてくる。

小寒（しょうかん）

- 1月5日ごろ
- 寒気はまだ最高ではないが、寒さがいよいよ厳しくなっていくころ。この日が「寒の入り」で節分までが「寒の内」。

1月の花　椿
동백꽃

大寒（だいかん）

- 1月21日ごろ
- 一年中で最も寒いころ。

동지(冬至)

- 12월 21일경
- 일 년 중에서 낮이 가장 짧다. 추위는 이때부터 심해지지만 해는 서서히 길어진다.

소한(小寒)

- 1월 5일경
- 추운 기운이 아직 최고조에 달하지 않았지만 추위가 본격적으로 심해질 무렵. 이날이 '한중'의 시작으로 세쓰분(節分)까지가 '한중'이다.

대한(大寒)

- 1월 21일경
- 일 년 중에서 가장 추울 무렵.